"전도는 그리스도인들에게 선택 과목이 아닌 필수 과목이다. 하지만 많은 성도들에게 그것은 피하고 싶은 필수 과목일지도 모른다. 이 책은 우리가 "난 못해요"라는 핑계를 넘어서 "이제 나도 할 수 있어요"라고 소리치게 만드는 힘이 있다. 진솔하고도 힘있는 이 책을 손에서 놓을 때 우리는 두 가지 사실을 발견하게 될 것이다. 우리 자신이 이미 존재 자체로 작은 빛이라는 사실과 우리가 생각보다 훨씬 더 멀리 선한 영향력을 끼칠 수 있다는 사실 말이다. 이 책으로 말미암아 전도에 대한 막연한 부담감을 벗고 자신감을 덧입게 되리라 확신하며 기쁜 맘으로 권한다."

이동원, 지구촌교회 담임목사

"엘리사 모건은 복음의 빛이 한 번에 한 영혼씩 비춘다는 사실을 잘 이해하고 있다. 유치원생이든 엄마들이든 그 누구에게든 말이다. 그녀는 「작은 빛이 멀리 간다」를 통해 우리에게 핑계 대지 말고 예수 그리스도의 증인으로서 행동할 것을 천명한다. 또한 어떻게 하면 복음을 전할 때 움츠러들지 않고 주변 사람들에게 심원한 영향력을 끼칠 수 있는지에 대해서도 잘 설명해 준다. 진솔하고 따스하고 실제적인 이 책은 당신이 빛을 발할 수 있도록 도와줄 것이다. 이 책을 강력하게 권하는 바이다."

프랭클린 그레이엄, 빌리 그레이엄 전도협회 회장

"엘리사 모건의 「작은 빛이 멀리 간다」는 내가 읽은 전도에 관한 책 중에서 가장 설득력 있고 필수적인 책 중 하나다. 우리의 전도는 긍휼어린 마음과 이해심을 바탕으로, 깜빡거리는 불빛처럼 언제나 자연스럽고 따스하게 이루어져야 한다는 점을 다시 한 번 마음속 깊이 되새기게 되었다."

매튜 폴 터너, *The Coffeehouse Gospel* 저자

"나는 30여 년 동안 꾸준히 전도에 관한 책을 읽었다. 지금 당신이 붙잡은 이 책은 단연 당신 책꽂이의 중앙에 꽂혀야 할 책이다. 이 책은 친밀하고도 개인적인 내용으로 가득한 인격적인 책이다. 종교적인 용어는 전혀 찾아볼 수 없다. 오로지 현대의 비신자들과 관계 맺는 법에 대해 진솔하고도 성실한 지혜를 담고 있다. 이 책은 매우 실제적이고 유익하면서도 현대 문화와 우리 동시대인들의 복잡다단한 삶을 그대로 인정하는 책이다. 간단히 말하자면, 「작은 빛이 멀리 간다」는 내가 지금까지 읽은 전도 서적 중에서 가장 유익한 책 중 하나다. 이 책을 읽는 모든 이들이 좀더 잘 준비된 마음으로 오늘날의 추구자들과 대화를 나눌 수 있으리라 확신한다."

토드 헌터, "알파 USA" 대표

"엘리사 모건은 수많은 이들에게 에너자이저 역할을 해 왔다. 이 책을 읽고 그대로 행한다면, 당신은 지금보다 좀더 밝은 빛을 비추게 될 것이다."

존 오트버그, 「평범 이상의 삶」 저자

"나는 '당신이 가는 곳 어디서든 복음을 전하고, 필요하다면…언어를 사용하라!'는 격언을 좋아한다. 이 격언을 생각하면서 나는 「작은 빛이 멀리 간다」의 찬란함에 깊이 감동받았다. 엘리사 모건은 진실하고도 성실하게 사는 삶이 어떻게 주변 사람들에게 하나님의 빛을 전하게 되는지를 보여 주고자 그녀의 마음과 생활을 활짝 열어 보여 주었다. 그녀의 실제 경험과 가슴 찡한 만남들은, 전도라는 복된 은사를 받지 못한 우리에게 소망을 부어 준다. 우리의 일상적인 믿음이 어떻게 우리 주변 사람들의 영혼을 구원하는 믿음으로 발전될 수 있는지를 보여 준 엘리사에게 감사드린다."

웨스 스태포드, "국제 컴패션"(Compassion International) 회장

작은 빛이
멀리 간다

엘리사 모건 | 김성녀 옮김

Ivp

한국기독학생회(IVF : InterVarsity Christian Fellowship)는
'캠퍼스와 세상 속의 하나님 나라 운동'을 비전으로
'캠퍼스 복음화, 기독 학사 운동, 세계 선교'를 사명으로 삼고 있는
초교파적, 복음적인 신앙 운동체입니다.

IVF는 전국 각 대학에서 활동하고 있으며
이에 대한 자세한 사항은
100-619 서울중앙우체국 사서함 1960호 IVF
(전화 333-7363)로 문의해 주시기 바랍니다.

IVP는 InterVarsity Press의 약어로
한국기독학생회(IVF)의 출판부를 뜻합니다.

본서의 전부 혹은 일부는 서면 인가 없이 복사
(프린트 · 제록스 · 마스터 · 사진 및 기타)할 수 없습니다.

Twinkle by Elisa Morgan
Copyright ⓒ2006 by Elisa Morgan
Originally published in English under the title
Twinkle by Elisa Morgan
Baker Book House Co.
P.O.Box 6287, Grand Rapids, MI 49516, U.S.A.
All rights reserved.

Translated and used by the permission of Baker Book House
through the arrangement of KCBS Literary Agency, Seoul, Korea.

Korean Edition
ⓒ 2007 by Korea InterVarsity Press
C. P. O. Box 327, Seoul, Korea

Twinkle: Sharing Your Faith One Light at a Time

Elisa Morgan

나의 아들 에단(Ethan)에게

계속 별을 따라가기를 빌며….

감사의 글 • 10
이 작은 나의 빛 • 13

제1부 '난 못해'라는 장애물을 넘어서

1. 내 빛은 너무 작다 • 23
2. 실패할지도 모른다 • 31
3. 남의 인생에 끼어들고 싶지 않다 • 39
4. 남의 기분을 상하게 하고 싶지 않다 • 45
5. 극적인 간증거리가 없다 • 53
6. 아직도 모르는 게 많다 • 61
7. 나와 다른 사람을 사귈 줄 모른다 • 69

어둠에서 빛으로 • 81

CONTENTS

제2부 '난 할 수 있어'로 나아가며

8. 사람들을 있는 모습 그대로 받아들일 수 있다 • 93
9. 친구가 되어 줄 수 있다 • 101
10. 진심을 보여 줄 수 있다 • 109
11. 자녀에게도 예수님을 전할 수 있다 • 117
12. 사소한 일상 속에서도 소망을 불어넣을 수 있다 • 127
13. 다른 사람과 협력할 수 있다 • 135
14. 위기에 처한 사람들에게 도움을 줄 수 있다 • 143
15. 섬길 수 있다 • 151
16. 의심하는 사람들을 이해할 수 있다 • 161
17. 명절 때 내 신앙에 대해 이야기할 수 있다 • 169
18. 경이로움을 느낄 여유를 가질 수 있다 • 177
19. 절망적으로 보일 때도 계속 노력할 수 있다 • 185
20. 내가 노력한 결과를 하나님께 맡길 수 있다 • 193
21. 빛의 유산을 남길 수 있다 • 201

생각해 볼 질문들 • 207
엄마 별들, 작은 빛이 멀리 간다 • 221
참고 도서 • 229

감사의 글

어떤 책이든 저자에게 할 말을 보태 준 많은 손길과 마음이 모여 이루어진 결실이기 마련입니다. 「작은 빛이 멀리 간다」가 세상에 빛을 볼 수 있도록 애써 준 많은 손길과 정성어린 마음에 깊이 감사드립니다.

취학전아동 어머니협회(MOPS: Mothers of PreSchoolers) 리더들: 나와 너무나 비슷한 당신들의 모습에 감사드립니다. 믿음을 전하는 일에 대해서 '난 못 해'라며 걱정하지만, 예수님이 필요한 수많은 엄마를 사랑하는 마음 때문에 '난 할 수 있어'라는 간절한 마음을 갖게 된 당신들에게 감사드립니다.

제프 보운, 신디 빅슬러, 쉐릴 데이비스, 베스 플램뷰어스, 칼라 푸트, 캐롤 키켄달, 베스 래거보그, 에단 모건, 에반 모건, 카렌 파크스, 그리고 콘스탄스 스미스: 이 책을 요소별로 꼼꼼히 읽고 중요한 의견을 개진해 준 것에 감사드립니다.

제니퍼 립: 이 책의 크고 작은 내용들을 잘 손봐 주셔서 감사합니다. 덕분에 이 책이 좀더 환하게 빛을 비추게 되었답니다.

파울라 깁슨: 책 표지를 멋지게 디자인해 주셔서 감사합니다!

릭 크리스찬: 나를 믿어 주고, 내 안에서 나를 통해 말씀하시는 하나님을 믿어 주셔서 감사드립니다.

그리고 제 인생에 빛을 비춰 주신 모든 분께 진심으로 감사합니다.

"인간을 어둠 속에 놔두면
죄를 범하게 된다.
하지만 범죄자만 유죄가 아니다.
어둠을 만든 자들도 유죄다."

마틴 루터 킹 주니어

"우리가 가장 두려워하는 것은 우리의 무능력이 아니다.
우리가 가장 두려워하는 것은 우리가 측정할 수 없을 정도로 강하다는 것이다.
우리를 가장 놀라게 하는 것은
우리의 어둠이 아니라 우리의 빛이다.
우리는 이렇게 자문한다.
'내가 누구관대 감히
명석하고, 근사하고, 재능 있고 멋진 사람이 되려 하는가?'라고.
아니, 그리 되지 않으려 하는 그대는 누구인가?
그대는 하나님의 자녀다.
소심하게 사는 건 세상을 이롭게 하지 못한다.
당신 주위의 다른 사람들이 불안해하지 않도록
몸을 사리기만 하는 건 현명하지 못하다."

넬슨 만델라

이 작은 나의 빛

"별을 가졌으면서 달을 달라고 하지 말라."
무명씨

지금껏 내가 예수님께 인도한 사람은 그리 많지 않다. 직접 영접을 시킨 사람은 아마 서너 명 정도일거다. 혹시 가족까지 합친다면 두 명이 더 추가되겠지만 말이다(알다시피 이 수치도 자녀가 십대일 때는 달라진다). 나는 신학대학원을 다녔다. 그리고 유치원생 아이를 둔 엄마들에게 예수님을 통해 도움과 희망을 주는 데 초점을 둔 국제적인 비영리단체도 이끌고 있다. 글도 쓰고 강연도 하니까, 어쩌면 지난 세월 동안 나의 다양한 강의와 설교를 통해 예수님을 영접한 사람들도 있을런지 모르겠다.

하지만 하루하루 살아가는 일상 속에서 내가 회심시킨 사람들은 그리 많지 않다. 내 앞에서 직접 예수님을 영접하는 기도를 한 사람은 거의 없다.

회심자 명단이 서넛밖에 안 되는 사람이 복음 전도라는 주제로 책을 쓴다는 게 말도 안 되는 일인지도 모르겠다. 하지만 이 책에서 내가 정말로 말하고 싶은 것은 회심이 아니다.

나는 원리를 말하고 싶다. 어둠을 밝히는 빛의 효과에 관한 원리를.

얼마 전에 나는 이 원리를 실험해 볼 만한 어두운 장소를 찾았다. 성냥 한 곽을 들고 붙박이장 속으로 들어간 것이다. 그 성냥은 내가 목욕할 때 곧잘 촛불을 붙이곤 하던 것으로, 그렇게 하노라면 늘 마음이 편안해지고 때로는 낭만적인 분위기까지 풍기곤 했다. 나는 옷장 문을 닫고, 전등을 끄고, 주변의 어둠을 물끄러미 응시했다. 아무것도 보이지 않았다. 어둠이란 참으로 묘하다. 아무리 두 눈을 **크게** 떠도, 아무것도 볼 수 없으니 말이다. 아무것도.

나는 성냥불을 켰다. 어둠이 있던 자리—칠흑처럼 꽉 막히고 캄캄하던 곳에 이제 빛이 나타났다. 옷장 속에 들어 있던 물건들이 갑자기 모습을 드러냈다. 신발, 셔츠, 바닥에 널린 빨랫감, 옷걸이에 걸린 옷들, 그 밑에 남에게 줄 한 무더기의 옷가지들. 타 들어가는 성냥불에 손가락을 데기 직전, 얼른 훅 불어 껐다. 다시 캄캄한 어둠이다.

그럼 그렇지. 내 예감이 적중했다. 빛은 어둠의 속성 자체를 바꿔 버린다. 눈곱만큼 작은 빛이라도 들어오면, 물체의 형태가 선명해지고 모양이 드러난다. 빛이 임하면 어둠은 물러간다.

우리는 어두운 세상에 살고 있다. 쓰나미, 테러리스트, 태풍, 아동 학대, 음란물. 세계적으로나 개인적으로나 우리는 어두운 세상에 살고 있다. 나 역시 형체를 가늠할 수 없는 물건에 부딪치듯, 어둠의 시절을 겪으며 살아왔다. 이혼, 알코올 중독, 죽음, 반항, 거절감, 불임, 동성애, 실직, 암, 학습 장애, 마약, 가슴 아픈 사건, 법률적인 문제들, 과도기, 십대 임신, 약물 남용 등. 나의 선택 또는 내가 사랑하는 사람들의 선택으로 인해 어둠이 내게 엄습해 왔고, 빛의 근원마저 불어 꺼 버릴 듯 위협해 왔다. 그런 순간마다 나는 캄캄한 절벽 같은 길을 따라 알 수 없는 곳으로 떠밀려 가는 느낌이었다.

나에게는 소망의 빛이 필요하다. 좀 덜 어두운 곳으로 가는 길을 찾을 수 있다는 확신이 필요하다. 나만 이런 필요를 느끼는 게 아니다. 당신과 나는 소망에 기대어 사는 사람들이다. 우리는 생명의 빛을 갈망하는 세상 속에 살고 있다.

"태초에 '말씀'이 계셨다. 그 '말씀'은 하나님과 함께 계셨다. 그 '말씀'은 하나님이셨다. 그는 태초에 하나님과 함께 계셨다.…창조된 것은 그에게서 생명을 얻었으니, 그 생명은 사람의 빛이었다"(요 1:1-2, 4). 모든 것의 시작으로 돌아가 보면, 하나님의 최초의 창조 행위는 바로 어두움에 빛을 가져오는 것이었다. "빛이 있으라"라고 하나님은 창세기 1장에서 선포하셨다.

하나님은 어두움에 빛을 가져오셨고, 우리의 세상은 영원히 바뀌었다. 기나긴 밤이 지나면 아침이 오고, 태양은 우리의 날들을 환히 비춘다. 빛은 우리를 가게로 식당으로 불러들이고, 그 빛이 있기에 우리는 책도 읽고 일도 한다. 빛은 수술대를 환히 밝혀 의사가 상처를 치료하게 해준다. 또 밤이면 아기의 방을 밝혀 안심 되는 사랑이 바로 옆에 있음을 약속한다. 뿐만 아니라 빛은 자동차가 달리는 도로를 비추어 집으로 가는 길을 밝혀 준다.

빛은 우리의 세상을 바꾼다. 그리고 우리마저 바꾼다. 하나님은 이 세상에 물리적인 빛을 보내 주셨고, 그 아들을 통해 우리 삶 속에 영적인 빛을 가져다주신다. 그리고 이제 이 빛을 간직한 우리는, 주변 사람들이 이 빛을 보고 그 근원 되시는 분께 나아올 수 있도록 빛을 비추라는 부르심을 받는다. 빌립보서 2:14-16에서 바울은 1세기 신자들에게 이렇게 썼다. "무슨 일이든지, 불평과 시비를 하지 말고 하십시오. 그리하여 여러분은, 흠이 없고 순결해져서, 구부러지고 뒤틀린 세대 가운데서 하나님의 흠없는 자녀가 되어야 합니다. 그리하면 여러분은 이 세상에서 별과 같이 빛날 것입니다."

무슨 말인지 알겠는가? 먹물처럼 캄캄한 밤하늘에 비교할 때, 우리 안에 있는 하나님의 빛은 얼마나 대조적인가! 밤하늘에 유유히 떠 있는 별들처럼, 우리의 빛도 단지 그 속성 자체 때문에 변화를 가져온다. **빛**이라는 속성 때문에! 우리가 빛을 비출 때, 우리는 절실한 필요

속에 있는 세상에 생명의 말씀을 높이 쳐드는 것이다. 한 점 작은 빛에 불과할지라도, 그것이 어둠의 속성 그 자체를 변화시킨다. 그러므로 반짝반짝 작은 별이여, 아름답게 비추어라! 이 어두운 세상에 소망의 빛을 비추어라!

그런 도전 앞에서 우리는 다리를 후들거리고 눈만 끔벅거리며 "으음, 그렇긴 한데"라고 응수한다. 그저 **난 못해**라는 말만 되풀이하면서 말이다.

난 못해.···내 빛은 너무 작은 걸. 내가 어떻게 변화를 일으킬 수 있겠어?

난 못해.···실패할지도 몰라. 전도한답시고 일을 망쳐 버릴 거야.

난 못해.···남의 인생에 개입하고 싶지 않아. 남에게 복음을 전하는 일은 위험 부담도 크고 시간과 에너지 면에서도 비싼 대가를 치러야 하잖아.

난 못해.···남의 기분을 상하게 하고 싶지 않아. 군중 속에서 튀고 싶지도 않고. 사실, 신앙이란 개인적인 거 아냐?

난 못해.···남들에게 말할 만큼 극적인 간증거리도 없잖아. 그거라도 있다면 얘기가 다르겠지만 말이야.

난 못해.···아직도 모르는 게 많거든. 누군가 하나님에 대해 질문을 했는데 내가 대답을 잘 못하면 어떡해? 사실 전도는 목사님 같은 분들이 하는 거 아닐까?

난 못해.…나랑은 다른 사람들과 어떻게 관계를 맺어야 할지 모르겠어. 게다가 성경도 안 믿는 사람들이 어떻게 나를 믿겠어?

전도가 하고 싶어 목까지 차오른 사람이 어디 있겠는가? 하지만 심령 안에 활활 타는 하나님의 빛을 지닌 우리는 그 빛을 다른 이들과 나누라는 부탁을 받았다. 우리들 누구나 말이다. 하나님은 절대로 우리에게 불가능한 걸 맡기시지는 않는다고 나는 확신한다. 우리는 복음 전도를 하나님이 생각하시는 것보다 훨씬 더 어렵게 생각하고 있다는 느낌도 든다. 막상 어둡고 비참한 상황에 빠진 사람을 만나 보면, '난 못해'라고 생각했던 온갖 이유들이 실제로는 별 의미가 없으리라는 생각도 든다. 물론 그들 뒤에 숨어 버릴 수도 있겠지만, 하나님의 빛은 결국 우리 존재를 뚫고 나올 것이다. 우리에게 정말로 인간적인 틈새가 있다면 말이다.

이 책에서 다루고자 하는 요지는, 아주 눈곱만큼 작은 빛일지라도 빛은 어둠의 본질을 변화시킨다는 사실이다. 또한 관계 전도를 할 때 '난 못해'라는 자세를 '난 할 수 있어'라는 자세로 바꾸는 것이다. 하루하루의 삶 속에서 빛을 발함으로써, 다른 사람들이 예수님께 한 발짝 더 가까이 나아가게 돕는 일. 한번에 조금씩 우리의 신앙을 나누는 일. 그리하여 우리가 반짝 비춤으로써 어떤 변화가 일어날 수 있는지 살펴보고자 한다.

때로는 부족해 보여도, 이 작은 나의 빛이 우리의 어두운 날들을 변화시키고, 우리가 사랑하는 이들의 어두운 삶을 변화시킨다.

현관문을 활짝 열고 동네 거리로 나가 보라. 유모차를 밀고 가는 아기 엄마, 개를 데리고 산책하는 은퇴한 노인을 살펴보라. 자동차를 타고 빨간 신호등 앞에 서 있는 동안, 바로 옆 차에 앉아 있는 운전자를 보라. 동네 백화점에서 쇼핑객들을 보라. 슈퍼마켓 계산대에서 물건을 담아 주는 직원의 눈을 들여다보라. 이 어두운 세상에서 사람들은 빛을 필요로 한다. 우리 안에 있는 하나님의 빛은 어둠의 속성 자체를 변화시킨다. 하나님은 우리에게, 생명의 말씀을 내밀어 우주에 촘촘히 박힌 별처럼 빛나는 존재가 되라고 도전하신다.

당신은 어떻게 생각하는가? 반짝반짝 빛난다는 것이 당신에게는 어떤 의미로 다가오는가?

"여러분은 이 세상에서 별과 같이 빛날 것입니다.
생명의 말씀을 굳게 잡으십시오."
••• 빌립보서 2:15-16

제1부

'난 못해'라는 장애물을 넘어서

옛날 아주 깊은 땅 속, 아무도 볼 수 없는 곳에 캄캄한 동굴이 있었다. 동굴이 어찌나 깊은 땅 속에 있었던지 빛이 한 번도 들어가 보지 못한 곳이었다. 그 동굴에게 '빛'이라는 말은 아무 의미가 없었다. 그게 뭔지 상상조차 할 수 없었으니까.

그러던 어느 날, 태양이 동굴에게 초대장을 보냈다. 한번 방문하러 올라오라는 것이었다.

밖으로 나와 태양을 방문한 동굴은 전에 한 번도 빛을 본 적이 없었던 터라, 그 찬란한 빛에 눈부신 경이로움을 느끼며 좋아했다.

자신을 초대해 준 태양에게 너무나 고마웠던 동굴은 그 친절에 보답하고 싶어서 태양에게 한번 동굴을 방문해 달라고 초대했다. 태양은 한 번도 어둠을 본 적이 없었던 것이다.

드디어 그 날이 되어, 태양은 땅 아래로 내려와 예의를 갖춰 동굴 속으로 들어왔다.

동굴로 들어온 태양은 '어둠'이 과연 어떤 모습일지 궁금해하며 호기심에 잔뜩 부풀어서 주위를 둘러보았다. 그러고는 이내 당혹스런 표정으로 동굴에게 물었다.

"그런데 어둠은 어디에 있는 겁니까?"

출처 미상

1
내 빛은 너무 작다

"성도란 자신을 통해 빛을 비추는 사람이다. 마치 스테인드 글라스처럼."
로버트 겔리나스

나는 매일 라디오에서 나오는 설교를 들으며 출근한다. 아침마다 그 방송 설교자는 예수님을 알아가는 '여정에 있는' 사람들과 나눈 대화에 대해 말해 주곤 했다. 비행기에서도, 가게 계산대에서도. 심지어 어느 날은 자기를 진료하던 의사가 예수님을 알고 싶다며 관심을 보이자, 이 전도자는 병원 침대 위에서 가운만 걸친 채로 그 의사에게 어떻게 하면 하나님을 알 수 있는지에 대해 소개해 주었다고 한다.

나는 그가 정말 놀랍고 위협적으로 느껴졌고, 솔직히 말해서 한 방 맞은 느낌이었다. 그와 비교할 때 나는 너무나 부족한 것 같았다. 그가 무대 조명이라면 나는 겨우 만년필형 전등에 불과했다. 나는 그런 대화의 '문을 열려면' 어떤 질문부터 해야 할지 헤매는 사람이다. 비행기에서는 연예 잡지나 읽기 좋아하고 말이다. 그 시간이야말로 정신없는 내 생활에서 누릴 수 있는 '평화로운 5분'이니까. 그리고 의사에 관한 한, 그들이 남자건 여자건, 내가 종잇장 같은 가운 한 장만 달랑 걸친 자리에서 예수님에 관해 논한다는 건 말도 안 되는 일이다. 내 빛이 이다지도 볼품없다니!

하지만…대화를 시작할 때는 더듬거려도, 일단 물꼬만 트이면 어찌어찌 대화를 이어나갈 줄은 안다. (이것도 아무나 되는 건 아니잖은가!) 비행기에서도 내가 읽고 있던 연예 잡지 덕분에 옆에 앉은 승객과 최근의 가십거리로 신나게 대화한 적도 여러 번 있고, 때로는 좀더 깊이 있는 대화로 발전한 적도 있다! 의사와 관련해서는…한번은 옷을 다 입은 상태로 보험회사와 분담해야 할 치료비를 마지못해 지불하면서 의사의 눈을 똑바로 들여다본 적은 있다.

관계 전도를 할 때 너무나 많은 사람들이 **난 못해**라는 문제에 봉착한다. **난 못해.…내 빛은 너무 작은 걸!** 하면서.

무대 조명과 만년필형 전등을 비교하면서 말이다. 물론 이 둘은 확실히 다르다. 하지만 어두운 세상을 변화시키는 데 진정 전자가 후자보다 **더 좋다**고 말할 수 있을까? 우리는 반드시 **큰** 빛이 되어야만 비출 수 있는 걸까?

우리가 예수님을 알고 나면, 예수님의 빛이 우리 안에 들어오신다. 그분은 세상의 빛이시다. 그리고 전혀 완벽하지 않은 우리의 영혼에 그분의 빛을 주시고 용서와 소망을 주신다. 그러고 나면 우리 안에 있는 하나님의 빛은 이 세상 속에서 그분의 빛이 된다.

하지만 하나님은 여기서 한 발짝 더 나가신다. 시편에 묻혀 있는 성경 구절 중에서, 하나님의 온화한 맞춤형 빛이 우리 각자의 개성 속에 들어 있음을 강조하는 구절이 하나 있다. "별들의 수효를 헤아리시고, 그 하나하나에 이름을 붙여 주신다"(시 147:4). 당신의 빛이 어떤 종류인지 발견하고 그 빛을 그대로 비출 때, 첫 번째로 봉착하는 **난 못해** 병이 사라진다. 모든 성격에는 장점과 단점이 있듯이, 우리가 세상에 하나님의 빛을 드러낼 때도 양면성이 있다. 우리의 빛을 잘 파악해서 그 빛이 무엇을 제공할 수 있는지 이해하고, 그런 다음 다른 사람들에게 길을 좀더 잘 비춰 줄 수 있도록 그 빛을 갈고닦아야 한다.

다음 중에서 당신은 어떤 빛인가?

촛불인가? 당신의 방을 환히 밝혀 주긴 하지만, 주변의 영향에 민감해서 쉽게 꺼질 수도 있는 촛불인가?

손전등인가? 급할 때만 반짝 켜지는 손전등. 위급할 때는 빛을 잘 비추지만 평상시에는 꺼져 있는 손전등인가?

책상 위에 있는 스탠드인가? 공부나 작업을 할 때는 빛을 제공하지만, 그러려면 늘 평평한 표면 위에 올려져 있어야 하는 스탠드인가?

어쩌면 자동차의 전조등일지도 모른다. 여행길을 밝혀 주긴 하지만, 배터리가 바닥나지 않으려면 끊임없이 움직여야만 하는 전조등인가?

네온 불빛일지도 모른다. 매혹적인 색조로 빛나긴 하지만, 그런 빛 때문에 당신의 주변이 실제와 달라 보이곤 하는 네온 불빛인가?

혹시 불씨는 아닌가? 남들에게 불을 지피는 데는 꼭 필요한 존재이지만, 당신이 꺼지면 남들도 꺼져 버리는 불씨 말이다.

탐사등은 어떤가? 어둠 속에서 잃어버린 영혼을 찾아내는 탐사등 말이다.

당신은 스포트라이트가 아닐까? 자신보다는 남들을 더 돋보이게 해주는 스포트라이트인가?

아니면 주변 생활의 흐름을 통제해 주는 빨간 신호등인가?

초롱불은 아닌지 생각해 보라. 점점 밝은 빛으로 주변을 밝혀 주는 초롱불인가?

어쩌면 당신은 태양등일지도 모른다. 위험을 무릅쓰고 평범한 일상에 색감을 부여하는 태양등 말이다.

아니면 후진할 때만 켜지는 미등인가?

활활 타오르는 불꽃은 어떤가? 위험을 알리거나 도움을 요청할 때만 잠시 타오르다 스러지는 불꽃 말이다.

혹시 샹들리에는 아닐까? 당신은 여러 각도에서 빛을 발하며 방을 비추는 샹들리에인가?

아니면 안전한 항구로 가는 방향을 알려 주는 등대인가?

혹은 반딧불인가?

폭죽이나 신호탄인가?

무대 조명 또는 만년필형 전등?

도대체 당신은 어떤 빛인가?

우리의 빛을 담고 있는 '용기'(container)를 이해하고 받아들이면, 엄청난 자유를 경험하게 된다. 네가 아닌 나 자신이 되는 자유, 내가 아닌 네 자신이 되는 자유 말이다. 모든 빛은 우리 각자의 성품이 가지는 장점과 단점 안에서 자기만의 고유한 역할을 감당하기 때문이다. 그런 우리의 개성은 이 세상에 예수님을 독특한 방식으로 보여 주고, 구체적인 상황 속에서 가장 훌륭하게 일한다.

무대 위의 배우를 비추는 무대 조명은 객석 맨 뒷줄에 앉은 관객도 배우를 볼 수 있게 해준다는 점에서는 너무나 근사한 빛이지만, 카메라의 플래시로는 별로 좋지 않은 빛이다. 내가 듣던 라디오 방송 설교가의 무대 조명은 사람들에게 하나님께로 가는 길을 제시해 줄 수도 있지만, 좀더 내성적인 사람들한테는 그 빛이 '눈을 멀게' 할 수도 있다. 만년필형 전등은 극장에서 좌석표를 확인하기에는 완벽하지만,

캄캄한 도로에서 길을 잃었을 때는 전혀 도움이 안 된다. 나의 만년필 형 전등이 어떤 사람들에게는 눈에 띄지 않을 정도로 미약하겠지만, 좀더 조용한 성향의 사람들에게는 스스로 필요조차 깨닫지 못했던 소망으로 이끌 수도 있다.

우리의 빛을 정확히 파악하고 잘 비춰 주기만 하면, 어두운 곳에서 빛이 필요했던 누군가에게 딱 알맞은 빛을 제공해 줄 수 있다.

인정하지 않을 수 없는 사실은, 우리의 빛을 파악한 후에도 우리가 남들을 얼마나 제대로 돕고 있는지 자신 없을 때가 있다는 점이다. 그런 시기에 우리의 빛은 작은 정도가 아니라 아주 미미하다. 삶은 우리의 자신감과 정력, 심지어는 확신했던 소망조차 갉아먹는다. 우리는 누구나 한 치 앞도 비추지 못하는 인생의 어두운 계절을 경험한다. 그리고 그런 내가 어떻게 폭풍 속에 휩싸인 다른 사람의 길을 비출 수 있을지 회의가 생긴다.

그런 순간에는 이 사실을 기억하면 도움이 된다. 즉, 아무리 미미한 빛일지라도 어둠보다는 밝다는 사실이다. 아주 작은 빛이라도 큰 차이를 만든다.

플로리다에 허리케인이 강타한 후에, 미국 전역에 있는 사람들이 도움을 자청하고 나섰다. 그 때 어떤 여성은 전기가 끊어진 동네의 아이들에게 손전등을 보급하는 일에 열정을 쏟았다. 그 아이들이 어둠 속에서 무서워 떨고 있을 것을 염려한 그녀는, 온 힘을 쏟아 아이들에게 일일이 손전등을 나눠 주었다. 그녀는 어둠 속에서 느끼는 외로움과 공포를 알고 있었다. 그래서 빛이 간절히 필요한 이들에게 빛을 주리라 결심했던 것이다. **난 못해.…내 빛은 너무 작은 걸**이라는 장애물을 극복한 것이다. 자신의 빛을 손전등으로 파악한 그녀는 어둠 속에 갇혀 있는 아이들의 손에 희망을 쥐어 주었다.

하나님은 빛이시다. 그리고 그 빛을 우리 안에 두사 우리 자신을 위한 소망, 그리고 남들과도 나눌 만한 소망을 갖게 하셨다. 자, 이제 당신의 빛을 파악하고 용감하게 그 빛을 높이 들어올리라. 다른 사람이 그 빛을 보고 따라올 수 있도록.

"별들의 수효를 헤아리시고,
그 하나하나에 이름을 붙여 주신다."
••• 시편 147:4

2
실패할지도 모른다

"오, 위대한 대장되신 하나님, 제 마음에 촛불을 켜 주세요.
제 속에 무엇이 있나 살펴보고 쓰레기는 다 치워 버리고 싶어요.
제 마음은 당신이 거하는 곳이니까요."

아프리카의 어느 여학생이 쓴 시

나는 해마다 성탄 전야에 드리는 촛불 예배를 고대한다. 예배는 늘 똑같다. 어두움에 빛이 임하는 예배. 극적이고, 멋지고, 강력한 예배. 해가 지고 어슴프레해지면, 한 사람이 성냥불을 켠다. 그 성냥불을 양초 한 대에 붙인다. 심지에 불꽃이 인다. 한 자매가 그 초를 들고 옆 사람에게 가져다 대면, 촛불에 그녀의 얼굴이 환히 비친다. 강단 주변에서 초를 하나씩 기울인다. 초는 불꽃을 핥으며 하나씩 밝혀진다. "고요한 밤. 거룩한 밤. 어둠에 묻힌 밤." 교회의 회중석이 조금씩 밝아지다 마침내 온누리가 촛불로 환해진다.

강단에 서신 목사님부터 시작해서 온 회중에게로 퍼져나간 빛은 사람들의 마음을 타고 흐른다. 이 촛불 예배의 가장 큰 의미는 어쩌면 내가 참여하도록 초대받았다는 사실일지도 모른다. 나는 회중석에 서 있다. 어떤 해에는 걸음마쟁이를 등에 업고 남편과 구겨진 채로… 또 어떤 해에는 잠시도 가만 있지 못하는 여덟 살 배기 아이를 토닥거리면서…그리고 또 어떤 해에는 냉담한 십대 아이를 지긋이 쳐다보면서…옆 사람의 온화한 촛불에 내 초를 기울여 심지를 갖다 댄다. 심지에 불꽃이 일고, 코 밑이 환하게 밝아진다. 어두움을 밝히는 이 작은 나의 빛.

그런 기회가 나에게 주어지지 않을 수도 있었다. 목사님이나 사제들만 어둠 속에서 성탄 촛불을 들고 나머지 사람들은 지켜보기만 할 수도 있다. 우리 신앙을 다른 이들과 나누는 복음 전도의 묘미는 **우리가 직접 참여한다**는 데 있다.

하나님은 우리가 다른 사람들에게 소망을 퍼뜨리도록 초대하신다. 우리의 성품이라는 용기에 그분의 빛을 담으시고, 우리가 그것을 사람들에게 내밀어서 그들이 그 빛을 보고 자신의 빛 없는 삶을 소망 가운데 들고 나오기를 바라신다. 우리는 하나님의 소망의 촛불을 다른 이들에게 내밀어야 한다.

나는 숨을 죽인다. 훅 불지 마! 촛불 꺼질라! 조심해! 뜨거운 양초가 녹아 종이 받침대 위로 똑똑 떨어진다. 엄지와 검지가 뜨겁다. 휴우! 내 앞에 선 여자 아이 머리카락에 닿지 않도록 조심하자! 자, 이제 초를 높이 들고, 타오르는 빛을 바라보자! 촛불이, 내 작은 빛이 주변 공간을 어떻게 밝히는지 보자.

성탄 전야를 밝히는 촛불 하나 들고 있는 게 그렇게 근사하고 멋지고 황홀하고 두려운 일이라니. 그렇다. 우리는 참여해야 한다. 하지만 망가뜨리면 어떡하지? 바로 여기에 관계 전도의 두 번째 장애물인 **난 못해**의 현실이 도사리고 있다. **난 못해.…실패할지도 몰라.** 너무 세게 나갈지도 모른다. 틀린 말을 할 수도 있고. 오히려 나 때문에 상대방이 예수님한테서 멀어질지도 모르고. 불꽃을 꺼뜨릴 수도 있다. 설상가상으로 옆 사람이 내 촛불을 빌려 자기 초를 켜기도 전에 내 촛불이 **꺼져 버릴지도** 모른다!

나는 성탄 전야에 회중석에 앉아, 어둠 속에서 빛이 시작되는 과정을 지켜본다. 심지에 불이 붙는다. 촛불이 손에서 손으로 전달된다. 어둠 속에 빛이 들어온다. 그리고 뭔가를 깨닫는다. 빛의 시작은 나와 전혀 상관이 없는 일이라는 것을. 내 능력이나 통제를 벗어나는 일이라는 것을. 어둠 속에 빛이 임하는 것은 하나님이 하실 일이다. 마치 예수님이 하나님의 선물로서 이 땅에 임하신 것과 마찬가지다.

내 초는 나 자신의 개인적 참여를 의미한다. 그건 내 역할이고 내 소관이다. 삶을 변화시키는 빛 가운데 내가 감당하는 작은 부분인 것이다. 세상에 빛을 들여놓는 일은 내 책임이 아니다. 그건 하나님의 영역이다. 하지만 나는 내 초에 대해 책임을 져야 한다. 나는 내 초를 하나님의 불꽃에 갖다댄다. 그리고 인생에서 불어오는 바람에 그 연약한 불꽃이 꺼지지 않도록 손으로 막는다. 그리고 혹시라도 남들이 그 빛을 보고 길을 제대로 찾기를 바라는 마음에 촛불을 높이 쳐든다. 수많은 불꽃 자락이 마치 별빛처럼 성소의 천장을 비추고, 예배 처소 안의 세상을 비추고, 그리고 지붕으로 난 창을 통해 예배당 너머의 세상을 비출 때, 나도 거기에 참여한다.

사도 바울은 이 점을 식물 가꾸는 일에 비유해서 설명한다. "나는 심고, 아볼로는 물을 주었습니다. 그러나 하나님께서 자라게 하셨습니다. 그러므로 심는 사람이나 물 주는 사람은 아무것도 아니요, 자라게 하시는 분은 하나님이십니다"(고전 3:6-7). 이 구절을 풀어 보면, 전도에는 두 가지 영역이 있음을 알게 된다. 바로 하나님의 영역과 우리의 영역이다.

하나님의 영역은 분명하다. 하나님은 빛을 책임지신다. 그분은 빛이시다. 하나님은 창조 활동 속에서 그 아들 예수님을 통해 세상에 빛과 진리와 소망을 주셨다. 기적적인 방법으로, 하나님은 말이 안 되는 것들을 말이 되게 하신다. 이치에 맞지 않는 것들에 목적을 부여하신다. 어둠에 빛을 가져다주신다. 하나님은 빛을 창조하시고 우리를 통해 그 빛을 다른 사람들에게 내미신다.

그렇다면 우리의 영역은? 우리의 촛불을 책임지는 것이다. 그 촛불이 계속 타오르도록, 눈에 띄어 남들에게 빛을 줄 수 있도록 하는 일이다.

휴우, 정말 그렇단 말이지? 얼마나 안심되는 말인가!

이 점에 대해 나는 친구 재니스와 이야기를 나누었다. 그녀의 이웃은 빛을 찾고 있었지만, 그 빛을 어디서 찾을 것인가에 관해서는 꽤 까다로운 사람이었다. 재니스는 그 사람에게 때로는 밝고 찬란한 빛을, 때로는 온화하고 조용한 빛을 비추었다. 토니라는 그 이웃은 재니스의 그런 모습을 지켜보더니 마침내 이런 결론을 내렸다. "글쎄요, 신앙이 참 좋아 보이긴 하네요. **당신한테는** 말이죠."

그래서 재니스는 자기 촛불을 내려다보며 이런 의문이 들었다. "내 촛불은 도대체 뭐가 문제일까? 너무 작은가? 너무 미약한가? 너무 밝은가? 도대체 뭐가 문제야?" 그러다 결국 자기 불꽃에는 별다른 문제가 없다는 결론을 내렸지만, 그래도 여전히 안절부절이다. 그녀가 뭘 잘못한 걸까? 뭘 더 했어야 하는 거지? 좀더 자주 기도했어야 했나? 혹시 금식 기도라도? 그런다고 뭐가 달라질까? 토니한테 어떤 책을 권했어야 하는 거지? 그가 제대로 응수하지 않은 게 재니스 책임인가? 토니는 어둠 속에서 스스로 빛을 만들어 낼 수는 없는 걸까?

빛은 전적으로 하나님 소관이다. 하나님은 사람들을 어둠 속에서 끌어내어 자신의 빛으로 이끄신다. 하나님은 성령을 통해 사람들이 그분의 불꽃에 매료되게 하신다. 우리는 그 순간에 불꽃을 들고 있는 사람이 될 수 있다. 떨리는 손에 땀을 쥐면서. 하지만 불꽃은 여전히 하나님께 있다. 우리는 자신 안에 또는 남들 안에 불꽃을 일으킬 책임이 없다.

우리는 자기 촛불만 책임지면 된다.

우리는 하나님의 빛을 망가뜨릴 수 없다. 단지 자기의 촛불을 드는 책임을 더 잘 감당할 수 있을 뿐이다. 어떻게 그럴 수 있는지 살펴보자.

심지를 손질하라. 심지가 너무 길거나 새까맣게 탄 경우, 불꽃이 뭉그러지거나 사그러들거나 심지어는 꺼질 수도 있다. 신앙을 나누는 과정에서 당신의 책임이 무엇인지 기억하고, 당신에게 맡겨지지 않은 책임, 즉 하나님의 책임은 내어드리면서 촛불의 심지를 손질하라. 또는 친구한테 꼭 말해 주고 싶었는데 못한 말이 기억나면서 어두운 의심의 순간이 찾아오면, 자책하는 마음을 버리고 다음 기회에는 꼭 말해 주리라 결심하면 된다. 전도에서 당신의 책임이 어느 정도인지, 그리고 '제대로' 못했다고 자신을 채찍질하는 수위는 어느 정도인지, 이 점에 관한 한 심지를 짧게 손질하라.

불꽃이 꺼지지 않도록 지키라. 우리 삶 가운데 몰아치는 거친 풍파는 분명히 우리의 불꽃을 위협할 것이다. 질병, 고난, 죽음, 우울증, 실망 등. 그럴 때는 다른 사람의 불꽃과 당신의 불꽃을 한데 모으면, 빛이 더 밝게 타오를 수도 있다. 힘든 시기에는 당신의 불꽃을 손으로 막고 다른 신자들이 합세하여 그 불꽃을 보호해 주도록 하라.

촛불을 높이 들라. 우리의 불꽃이 별로 중요하게 느껴지지 않을 때면, 두 팔을 내려뜨리고 불꽃의 역할을 포기하기 쉽다. 이런 충동을 거부하라. 대신 두 팔을 쭉 뻗어 당신의 촛불을 높이 들라. 당신의 불꽃은 사람들의 구부정한 어깨 아래에 들고 있을 때보다 그들 머리 위로 높이 쳐들 때 훨씬 잘 보인다.

난 못해….실패할지도 몰라 하는 생각이 들 때도 있을 것이다. 하지만 전도에서 하나님의 역할과 우리의 책임을 잘 구분하면, 위험성도 더 작고 그 과정도 할 만해진다. 빛은 하나님이 책임지신다. 우리는 자기 촛불만 책임지면 된다. 이제 알겠는가? 우리는 우리가 감당할 수 있는 촛불만 책임지면 된다!

"나는 심고 아볼로는 물을 주었습니다.
그러나 하나님께서 자라게 하셨습니다."
••• 고린도전서 3:6

3

남의 인생에 끼어들고 싶지 않다

"누가 별들을 광내에 닦아야겠다. 별빛이 약간 흐릿하다."
쉘 실버스타인

우리 옆집에 3년 정도 살았던 가족이 있었다. 현관 진입로에는 큰 바퀴가 달린 거대한 트럭이 서 있고, 그 옆에 SUV 자동차 한 대, 그리고 집 옆으로 캠핑카가 서 있었다. 조경이랄 것도 없는 정원에는 잡초 사이로 자갈더미가 여기저기 널려 있었다. 지붕의 홈통은 페인트칠이 벗겨져 흉했고, 창가에는 커튼이 삐딱하게 매달려 있었다. 그 커튼은 몇 년 전 우리가 이사올 때부터 그랬다.

그 사람들은 전혀 신경을 안 쓰는 것 같았다. 어쩌면 못 봤는지도 모른다. 어찌 됐건 그 집의 그런 상태가 나는 무척 거슬렸다.

그 집 아이들도 눈에 거슬리긴 마찬가지였다. 우리 부부에게 아직 아이가 없기 때문만은 아니었다(아이 없는 사람들의 기고만장한 태도는 누구나 다 안다. 마치 육아 전문가인 양 부모들의 양육 방식을 시시콜콜 평가하고 이렇게 해라 저렇게 하지 말라 하면서 처방까지 내려주는 태도 말이다). 그 집 아이들은 좀 통제 불능 상태였다. 여름이면 옷을 절반만 걸친 채, 부모가 깜빡 잊고 몇 시간씩 켜 놓은 살수장치(sprinkler) 안팎을 들락날락하며 온 사방을 뛰어다녔다. 겨울이면 덕지덕지 눈을 뭉쳐 눈사람을 만들고는, 그 백설인간들이 다 녹을 때까지 장갑이며 장화들을 산지사방에 팽개쳐 두었다. 머리카락은 지독히도 안 빗어서 뻣뻣하게 헝클어져 있었고, 얼굴은 조금 전에 먹은 음식 찌꺼기들로 늘 얼룩덜룩 지저분했다.

하지만 그런 대로 괜찮기는 한 사람들이었다. 그건 인정해야 한다. 그 카터 씨네 가족은—엄마, 아빠 그리고 두 아이는—내가 어쩌다 잠시 들러 보면 그런 대로 괜찮은 사람들이었다. 가능하면 들를 일이 없도록 애쓰는 편이었지만 말이다.

그러던 어느 토요일 오후, 내가 집 앞에 페튜니아를 심고 있는데 그 집 엄마 자넷이 다가왔다. 나는 마음을 단단히 먹었다. 무릎을 세우며 장갑 낀 두 손을 탁탁 쳐서 흙을 털어냈다. 자넷은 수줍은 듯 온화한 미소를 지었다.

"엘리사. 방해해서 미안해요. 어머나, 정말 예쁜 꽃들이네요!" 흐음, 그래도 예쁜 꽃을 보면 예쁜 줄은 알았다. "저, 있잖아요. 우리 교회에서 특별한 프로그램을 하나 준비하고 있는데요. 우리 부부 생각에는 혹시 엘리사 부부도 관심 있지 않을까 싶어서요. 대화법과 결혼 생활, 뭐 그런 건데요."

나도 모르게 잔디밭에 모종삽을 툭 떨어뜨리며 더듬거렸다. "어어…으음…교회에 다니세요? 전혀 몰랐어요." 매주 일요일 아침마다 우리가 차를 뺄 때면, 그 집 차고는 늘 철통같이 문이 닫혀 있던데, 이건 무슨 뚱딴지 같은 소리람?

"예에, 지난 겨울에 우리 부부는 정말 사이가 안 좋았어요. 그래서 우리를 도와줄 교회를 찾았지요. 지금은 둘 다 교인이랍니다. 믿고 보니 정말 좋네요. 실은, 우리 두 사람 다 그리스도인이 되었거든요. 어쨌든 엘리사 부부도 혹시 관심 있지 않을까 해서요."

교외 주택가의 우리 집 앞뜰에서, 한 여성으로부터, 한 이웃으로부터, 하나님에 대해 알아보지 않겠느냐는 초청을 받고 있었다. 나 같은 사람에도 **불구하고**, **내 도움은 일절 받지 않고서** 그리스도를 믿게 된 사람에게서 말이다.

나는 미소짓고 있는 자넷을 뚫어지게 바라보다가, 관계 전도에서 피하기 어려운 장애물 **난 못해** 중 한 가지 요소가 내 안에 있음을 발견했다. 전에는 의식조차 못했던 것이었다. 하지만 그건 엄연한 사실이었다. **난 못해.…남의 인생에 끼어들고 싶지 않아**라는 태도. 그 태도 때문에 나는 카터 씨네 가족에게 내 신앙을 전하지 못했다. 심지어 그 정신 사나운 정원의 풍경 뒤에 숨겨진, 예수님의 도우심과 소망을 찾는 그들 내면의 갈망을 알아채지 못했다. 나는 오로지 잡초와 삐딱하게 걸린 커튼 그리고 눈더미 속에 버려진 장갑만 보았던 것이다.

순간 우리 부부도 그리스도인이라는 사실을 어찌어찌 설명은 한 것 같다. 말하기 부끄럽지만 그녀는 무척 놀라는 것 같았다. 전혀 낌새도 못 챘으니까. 자넷과 그런 대화를 한 지 얼마 안 되어, 하나님의 말씀 한 구절이 내 마음을 사로잡아 그 이후 절대 잊지 못할 사실을 내 마음에 각인시켜 주었다.

사도행전 10장에서 시작하는 그 이야기는 11장에 와서 핵심을 찌른다. 당시 사도 베드로는 예수님의 부활의 능력에 관해서 놀라운 설교와 능력 있는 말씀을 선포하고 있었다. 그는 예수님이 잡히시던 밤에 예수님을 부인하는 실수를 저질렀다가 예수님의 부활 후에 회복된 다음부터 하나님의 영향력 아래서 실로 훌륭하게 사역하고 있었다. 사도행전 10장만 빼면, 베드로는 비유대인들에게 꽤나 속물 같은 인간이었다. 그는 신앙 생활을 '똑바로' 하는 데, 그리고 메시아 즉 예수님에 관한 소식을 유대인들에게 전하는 데만 지나치게 신경을 썼다.

그런 베드로가 환상을 보았는데, 그 환상에서 하나님은 이방인들 역시 구원의 대상으로 선택하셨다는 사실을 보여 주셨다. 그러고 나서 베드로는 하나님을 두려워하는 이방인 백부장인 고넬료의 방문을 받았다. 고넬료는 하나님을 믿고 싶어했다. 베드로는 "내가 누구이기에 감히 하나님을 거역할 수 있겠습니까?"(행 11:17)라고 말하며 고넬료와 그의 온 집안 사람들에게 복음을 전했다. 이방인들도 하나님의 말씀을 받았다는 소식이 모든 사도에게 두루 퍼졌다.

베드로는 '부정한 짐승'을 먹는 자들과 어울리는 걸 꺼려했기 때문에, 하나님이 이방인들을 돌이키는 일에 자신을 사용하시리라고는 꿈에도 생각지 못했다. 나도 자갈밭의 잡초와 계속 켜 있는 살수 장치가 거슬려서 나의 빛, 아니 내 안에 있는 하나님의 빛이 어려움에 처한 가족에게 한 줄기 소망이 될 수 있으리라고는 전혀 생각지도 못했다. 별로 개입하고 싶지 않았으므로 개입하지 않았던 것이다. 그리고 결국 하나님은 다른 사람, 다른 빛을 사용하셔서 자신이 사랑하시는 그 가족을 하나님께로 인도하셨다. 나는 그들을 거절하였다. 그래서 하나님은 나를 그냥 지나쳐 가셨다.

이 점에 대해 나는 부끄럽게 생각한다. 정말 그렇다. 하지만 20년이 지난 오늘까지 그 일로 자책하는 것도 건강한 태도는 아닌 듯싶다. 우리 중 수많은 사람들이 주변 사람들에게—우리와 비슷하게 사는 사람이든 전혀 다르게 사는 사람이든 간에—나아가지 못하고 물러선다. 우리가 그리스도 안에서 소유한 것들에 그들은 전혀 관심이 없을 거라고 전제한 채로 말이다. 내가 말한 그 이웃은 그러한 전제를 가차 없이 무너뜨리고, 내가 지금까지도 소중히 간직하고 있는 교훈을 하나 가르쳐 주었다. 다른 사람의 인생에 개입하고 싶지 않을 때…그 사람에게 너무 많은 에너지를 쏟아야 할 것 같고 일도 많을 것 같고 깊이 헌신해야 할 것처럼 느껴질 때, 나는 그런 감정을 솔직하게 인정하고 하나님께 말씀드린다. 결국 사람을 믿음으로 인도하는 일은 내 일이 아니라 하나님의 일이라는 걸 알게 되었다. 나는 하루 종일 일을 망칠 수도 있지만, 그래도 하나님은 그들을 인도하신다. 하지만 내가 **난 못해.…다른 사람의 인생에 끼어들고 싶지 않아**라고 굳게 믿는다면, 정작 기회를 놓치는 사람은 나 자신이라는 걸 이제는 깨닫는다. 나 같은 사람에도 불구하고 역사하시는 하나님을 지켜볼 기회를 놓치는 것이다.

자, 이제 할 말은 다 했다. 내 인생의 부끄러웠던 한 장(章)을 하나님이 그분의 목적 안에서 구속하셨다.

당신의 인생 중에도 그런 지점이 있지 않은가? 당신이 사는 동네를 한바퀴 둘러보거나 또는 그저 막대기를 하나 들고 마음속을 휘저어 보라. 혹시 **난 못해.…남의 인생에 끼어들고 싶지 않아**라는 마음이 한구석에 웅크리고 있지는 않은가? 당신이 누구관대 감히 그리스도께로 가는 길을 막아선단 말인가?

"내가 누구이기에 감히
하나님을 거역할 수 있겠습니까?"
••• 사도행전 11:17

4
남의 기분을 상하게 하고 싶지 않다

"별들과 오랫동안 함께 살았더니 밤이 무섭지 않다."
미국의 한 천문학자

우리 딸 에바가 초등학교 병설 유치원에 다닐 때, 나는 아이의 담임 선생님을 위해 기도하기 시작했다. 아주 진지하게 말이다. 내가 사랑하는 예수님을 선생님도 믿었으면 좋겠다는 마음이었다. 선생님께 보내는 카드를 쓰면서는 딸아이의 인생을 위해 우리가 한마음으로 일하고 있다는 것을 강조하기도 했다. 크리스마스 때는 특별 선물도 드렸다. 유치원 생활이 중반에 접어든 1월 어느 날, 나는 컴퓨터 수업 시간에 보조 교사를 자청했다. 내가, 컴퓨터를, 어린애들과 말이다. 나로서는 상당한 무리였지만, 앞서 말했듯이 나는 담임 선생님이 예수님을 믿게 되길 간절히 바랐다.

줄줄이 놓여 있는 컴퓨터 사이에 서서, 선생님은 내가 책을 썼다는 말을 들으시고는 어디서 그 책을 살 수 있는지 물으셨다. 나는 한 권 선물하겠노라고 얼른 말했다. 내 책이 기독교 서점에만 있다는 말은 하고 싶지 않았던 것이다. 조용히 복음을 나누기에는 '너무 멀리 나가는' 게 아닌가 싶었다. 그래서 "에바 편에 한 권 보내 드릴게요. 선물이라고 생각하세요!"라고 말씀드렸다.

선생님은 얼굴을 살짝 찡그리며 이렇게 말했다. "그래요? 에바 어머니, 근데 어떡하면 좋죠?…전 당장 오늘 저녁에 사서 성경 공부 가르칠 때 사용했으면 싶네요."

"서-서-성경 공부요? 서-서-성경 공부를 가르치신다고요?" 나는 깜짝 놀라 입이 딱 벌어졌다. 선생님의 밝은 빛에 눈이 멀어 버린 나는 더듬거리며 이렇게 말했다. "그러니까 버넷 선생님, 선생님이 기독교인이란 말씀이시죠?" "물론이죠!"라고 선생님이 대답했다.

"어머, 선생님. 이번 크리스마스 때 에바가 예수님 영접한 거 아세요?" 내가 물었다.

"정말요?" 선생님이 즐거운 비명을 지르더니, 모니터 앞에 앉아 있던 에바를 일으켜 빙글빙글 돌리셨다. 그러고는 아이의 어깨를 꼭 잡고 두 눈을 응시하며 이렇게 외치셨다. "에바, 이제 너랑 나랑은 특별한 자매 사이가 되었구나!"

나는 어안이 벙벙해져 딸아이가 다니는 공립학교의 컴퓨터 교실에

멍하니 서 있었다. 마치 다메섹으로 가던 바울처럼. 나는 아주 조금이나마 반짝여 보려고 노력중이었는데, 버넷 선생님은 마치 공상과학 영화에 등장하는 외계인처럼 교실 전체를 환히 밝히고 있었다.

나는 관계 전도를 하는 데 **난 못해.…남의 기분을 상하게 하고 싶지 않아**라는 자세를 몸소 겪은 것이다.

나는 무얼 그렇게 염려한 걸까? 한편으로 보면, 남의 사적인 신앙 영역을 침범할까 봐 지나치게 신경을 썼다. 세상에는 우리 그리스도인들에게 상처받은 사람들이 엄청 많지 않던가. 나마저 그런 일에 끼어들고 싶지는 않았다. 어쨌거나 신앙이란 사적인 영역 아닌가.

물론, 그런 측면도 있다. 하지만 남의 기분을 상하게 할까 봐 전도 못 하겠다는 태도에는 다른 측면도 있다. 사실은 내가 거절당할까 봐 염려스러운 것이다. 오해받고, 바보스러워 보일까 봐. 남의 기분을 상하게 하고 싶지도 않지만, 나도 기분 상하고 싶지 않은 것이다.

마치 내가 대학을 졸업한 뒤, 6년 동안 사귀던 남자 친구와 헤어질 때처럼 말이다. 우리는 결혼 문턱까지 갔지만, 두 사람의 미래가 그 방향이 아니라는 게 확실히 보였다. 그래서 헤어졌다. 그리고 나는 사역자가 되기 위해 신학대학원에 가기로 결정했다. 아버지께 그런 말씀을 드리려고 전화를 걸었다. 아버지의 애원하는 목소리가 전화선을 타고 들려왔다. "엘리사. 그렇다고 남자를 포기하지는 말아라! 밖에 나가면 남자들이 지천이란다." 한때 가톨릭 쪽에 관심 있었던 아버지는 내가 수녀원에라도 들어가는 줄 아셨던 모양이다. 비약이 좀 지나치셨다. 신학대학원생이라고 하면 무슨 열심당원으로 여기는 사람은 비단 우리 아버지만이 아니었다. 여성이자 그리스도인이면서 신학대학원 출신이라는 게 어떤 의미인지에 대해 나는 늘 사람들의 오해를 풀어 주어야 했다.

누군가 이런 말을 했다. "비밀스런 제자도란 있을 수 없다. 비밀이 제자도를 망치든지 또는 제자도가 비밀을 망치든지 둘 중 하나다." 예수님이 누가복음 8:16에서 빛에 대해 말씀하시면서, 빛이라는 속성 자체가 숨기는 게 아니라 드러내는 거라고 말씀하신 것도 바로 이런 의미라고 생각한다. "아무도 등불을 켜서, 그릇으로 덮거나, 침대 아래에다 놓지 않고, 등경 위에다가 올려놓아서, 들어오는 사람들이 그 빛을 보게 한다."

예수님 당시 팔레스틴의 가옥은 창문이 하나밖에 없고, 그것도 지름이 45센티미터 정도 되는 원형으로, 실내가 매우 어두운 구조였다. 집안에서는 낮이건 밤이건 등불이 가장 중요한 빛의 원천이었다. 사람들은 그 등불이 눈높이에 맞게 집안을 밝힐 수 있도록 그것을 등경(탁자) 위에 올려 놓았고, 외출할 때는 화재의 위험 없이 등불을 계속 켜 놓아야 했으므로, 흙으로 만든 그릇으로 등불을 덮었다. 당시에는 불을 피우는 게 쉽지 않았으므로—부싯돌이며 부싯깃 등이 필요했다—등불이 꺼질 경우 다시 불을 지피는 불편을 피하기 위해서였다.

하지만 집주인이 돌아오면 등불을 그릇으로 덮어 둘 필요가 없었다. 그러면 어떻게 사물을 볼 수 있겠는가?

빛의 목적은 비추는 것이다. 숨겨 두는 게 아니다. 빛에 관한 이 구절에서 예수님은 계속 이렇게 말씀하신다. "숨겨 둔 것은 드러나고, 감추어 둔 것은 알려져서 환히 나타나기 마련이다"(눅 8:17). 우리 믿음, 곧 우리 빛을 감추려는 태도는 마치 등불을 그릇으로 덮는 것과 같다. 그렇게 되면 우리를 통해 남들에게 소망과 도움의 근원을 환히 비추는 건 고사하고, 우리 자신이 어디로 가고 있는지 무얼 하고 있는지조차 못 보게 된다.

나는 내 삶 속에 있는 빛과 관련해서 한 가지 질문을 붙잡고 씨름해야 했다. '나는 빛을 밝히려고 애쓰는가 아니면 밟으려고 애쓰는가?'라는 질문이었다.

앞서 말한 버넷 선생님의 경우 외에, 빛을 밝히기보다 밟아 버리는 때는 언제인가? **난 못해.…남의 기분을 상하게 하고 싶지 않아**라는 태도에 집착하는 때는 언제인가? 당신은 어떤가?

나는 사람들이 모여 있는 자리에서는 성경책을 감춘다. 예를 들어 스타벅스에 잠깐 들러 소파에 눌러앉아 하나님과 시간을 보낼 때는, 괜히 성경책 옆에 잡지를 갖다 놓는다. 남들이 성경책 읽는 내 모습을 보는 게 불편하다. 그들이 내 특징을 주절주절 나열할 게 상상이 된다. '머리 모양 한번 재밌네. 어느 미용실에서 했는지 궁금타. 어머머

머, 근데 커피숍에서 성경책을 읽고 있잖아. 좀 특이한 아줌마군.' 나는 커피숍에서 성경책을 읽는 동안 누가 나를 이상한 사람으로 볼까 봐 걱정하는 일 따위는 하고 싶지 않다.

그런가 하면…나는 자동차 뒷범퍼에 물고기, 십자가, 교회 스티커 따위의 상징물을 붙이고 싶지 않다. 그러면 내 운전 태도에 온갖 신경이 쓰일 테니 말이다. 좌회전, 차선 변경, 유턴은 말할 것도 없고, 파란불로 신호가 바뀌었는데 느릿느릿 출발하는 앞차에게 경적을 빵빵 울려댈 수도 있지 않은가.

그리고 또…내가 비행기를 탔다고 하자. 옆 사람이 나를 보고 직업이 뭐냐고 묻는다. 그러면 나는 유치원생 엄마들에게 소망을 전하는 기독교 단체에서 일한다는 대답보다는 이렇게 불쑥 말할 것이다. "유치원생 엄마들을 돕는 국제적인 비영리 단체에서 일하고 있어요"라고. 문화적 차이를 느끼지 않도록 좀더 배려한 대답, 좀더 그럴싸한 대답으로 말이다.

내 말을 잘 새겨듣기 바란다. 물론 어떤 상황에서는 이렇게 직접적으로 드러내지 않는 대답이 적절한 경우도 있다. 예를 들면 대화를 트기 위해 일부러 그렇게 한 경우 말이다. 그럴 때는 이런 대답이야말로 좀더 깊은 대화로 들어가는 출발점이 될 수 있다.

"유치원생 엄마들을 돕는 국제적인 비영리 단체라고요? 왜 그런 도움이 필요한데요?"라는 질문이 나오기도 한다. 그러면 나는 이렇게 대답할 것이다. "아주머니 뒤로 네 번째 줄에 앉아 있는 아이 엄마 좀 보세요. 꼬맹이와 놀아 주랴, 갓난아기 보살피랴 정신없어 보이죠? 그분이랑 30초만 말해 보시면 왜 그런 단체가 필요한지 아실 거예요. 아이 엄마들은 다음 세대를 양육하는 이 중차대한 과업에 짓눌려 있답니다. 그들에게는 소망이 필요해요. 그리고 혼자가 아니라는 것도 알아야 하고요. 제가 몸담고 있는 단체는 그러한 엄마들이 가능한 한 최고의 엄마가 되도록, 가족과 세상에 영향력을 끼치는 사람이 되도록 예수님이 도와주신다는 믿음을 갖고 있답니다."

이렇게 나는 빛을 밟아 버릴 수도 있었던 상황에서 빛을 비춘 것이다.

우리는 누구나 이런 선택 앞에 선다. 빛을 비추든가 빛을 밟든가. 혹은 빛을 가지고 숨바꼭질을 하든가 아니면 발표회를 하든가. 무대 조명보다는 반짝거리는 작은 빛이 집으로 가는 길을 더 잘 비추는 경우도 분명히 있다. 그러나 빛이 있느냐 없느냐는 전혀 다른 문제다. 빛을 밟아 버리는 것은 우리의 존재 자체를, 그리고 우리 안에 계신 하나님의 임재를 배신하는 것이다. 예수님이 재판받을 때 뜰에 있던 베드로처럼, "나는 예수님을 전혀 몰라요!"라고 소리치는 격이다. 목에는 십자가 목걸이를 걸었으면서.

자, 이제 어떻게 하겠는가? 빛을 비추겠는가, 밟아 버리겠는가? 그릇으로 덮어 버리겠다고? 말도 안 된다! 나는 내 빛을 환히 비출 것이다!

"아무도 등불을 켜서, 그릇으로 덮거나,
침대 아래에다 놓지 않고,
등경 위에다가 올려놓아서,
들어오는 사람들이 그 빛을 보게 한다."
••• 누가복음 8:16

5
극적인 간증거리가 없다

> "사람들이 들려주는 이야기가 사람들을 돌보는 방편이 될 수 있다.
> 당신도 이야기들을 들으면 그 이야기를 잘 챙기라.
> 그리고 그 이야기가 필요한 곳에 나누어 주라.
> 사람이 살아가는 데 때로는 음식보다 이야기가 더 필요할 때도 있다."
>
> 베리 로페즈

'옛날 옛날에 어떤 아이가 살았는데…' 내 유년 시절 이야기는 그렇게 시작된다. 나는 공주와 용, 기사와 전사가 나오는 이야기들을 좋아했다. 호빗족과 세상으로 통하는 옷장이 나오는 동화책도 좋아했다. 하지만 위인전이야말로 내가 늘 좋아하던 이야기였다.

여름이면 등장하던 이동식 도서관에서(웬 호랑이 담배 먹던 시절?) 나는 실제로 살았던 사람들에 관한 책들이 꽂혀 있는 책꽂이 아래 앉아 그 책들을 죄다 읽었다. 동화 작가였던 한스 크리스챤 안데르센(Hans Christian Andersen), 성조기를 만든 재봉사 베치 로스(Betsy Ross), 적십자를 창설한 클라라 바튼(Clara Barton), 전구(그리고 기타 수많은 물건)를 발명한 토머스 에디슨(Thomas Edison), 하와이의 여왕이었던 릴리우오칼라니(Liliuokalani), 「톰 아저씨네 오두막」을 쓴 헤리어트 비처 스토우(Harriet Beecher Stowe). 나는 책만 펼치면 새로운 **친구**를 만날 수 있었다.

그렇다고 늘 혼자만 있던 아이는 아니었다. 죽고 못사는 친구들도 여럿 있었다. 단지 나는 **실제 인물들**에 관한 책을 좋아했을 뿐이다. 그들을 움직이게 하는 원동력, 그들의 두려움과 꿈과 대범함, 집안의 크고작은 문제들과 기쁨 그리고 그들의 소망 등을 좋아했다. 그들의 인생에서 내 삶에 적용할 만한 것들을 배웠다.

우리 삶을 통해 하나님의 사랑을 사람들의 삶 속에 조금이나마 비추는 일은, 당신이 하나님을 믿게 된 계기, 그리고 예수님을 통해 일어난 변화 등을 이야기하는 것과 밀접하게 연관된다.

난 못해.…난 극적인 간증거리가 없어요. 간증거리가 없다고? 아니다. 당신도 간증거리가 있다. 당연히 있고 말고! 물론 당신은 마약을 넣는 주사 바늘 끝에서 예수님을 만난 창녀는 아닐지도 모른다. 물론 그럴 수도 있지만. 또는 다른 종교를 믿다가 커피 크림 속에서 예수님의 모습을 발견하고 기독교로 개종한 사람은 아닐 수도 있다. 물론 그럴 수도 있지만. 또는 우울증과 좌절감에 시달리던 중 하나님에 대해 알아보다가 결국 예수님을 통해 하나님과 연결되었을 수도 있다.

여기서 우리는 극적이라는 말을 다시 한 번 생각해 봐야 할 것 같다. 모든 이야기에는 극적인 요소가 있다. 선악의 대결. 갈등과 해소. 수수께끼와 해답. 미스테리와 해결. 그리고 하나님을 모르던 우리가 예수님을 통해 하나님을 알게 되었다는 의미에서 볼 때, 사망에서 생명으로 옮겨진—**예수님을 통해 사망에서 건짐받은**—여정 속에서, 극적인 요소는 부인할 수 없는 사실이다. 다만 그 극적인 면이 간혹 감추어지거나 잊혀질 뿐이다.

이야기가 그 중요성을 인정받기 위해서 굳이 TV에 나오는 연속극처럼 **극적일** 필요는 없다. 문학에는 온갖 장르가 있다. 픽션과 논픽션, 위인전과 자서전, 판타지 소설과 전래 동화 등등. 다만 스토리텔링(storytelling)을 좌우하는 두 가지 특성이 있는데, 그것은 이야기가 사실이어야 한다는 것과 개인적이어야 한다는 것이다. 이 점에서 판타지 소설과 픽션은 스토리텔링에서 제외된다.

모든 이야기에는 몇 가지 공통점이 있다. 시작과 중간과 결말이라는 요소 외에도, 어떤 문제나 갈등 또는 결핍에 봉착한 사람이 나오고, 그 사안을 어떻게든 해결해 나가는 과정을 겪는다. 문제를 바꾸는 게 아니라 해결하는 것이다. 신앙 이야기에서는 갈등을 둘러싸고 있는 상황이 아니라, 갈등을 직면한 사람에게 변화가 일어난다. 그리고 우리가 어떻게 그 상황을 헤쳐 나왔는지, 또 지금도 그 상황을 헤쳐 나가는 데 하나님이 어떻게 우리 삶을 변화시키셨는지를 강조하게 된다.

신앙 이야기에는(모든 이야기가 다 그런 건 아니지만), 우리 개인의 이야기가 인류를 위해 일하시는 하나님의 좀더 큰 이야기와 연결되는 간증이 있다. 우리의 신념(우리가 알고 있다고 알고 있는 것들)이 인생 여정의 맥락 속에 통합되는 지점이 바로 여기다. 상대방을 알아가는 초창기에는 간증 형식을 피해서 우리 이야기를 할 수도 있다. 내 경우를 예로 들자면, 어린 시절 편부모 밑에서 성장했다는 사실과, 우리 엄마는 알코올 중독으로 고생하셨고, 그 결과 나는 일찌감치 마음에 뻥 뚫린 구멍을 느꼈다는 이야기로 대화를 시작할 수 있을 것이다. 나중에 고등학생이 되자 나는 이 고통을 조금씩 이해하게 되었고 소망과 더불어 치유까지 경험하게 되었다는 것. 바로 이거다. 예수님에 대한 직접적인 언급은 없지만, 왜 나에게 예수님이 꼭 필요했는지 그리고 예수님을 알게 됨으로써 내 인생에 어떤 변화가 찾아왔는지 분명하게 설명하는 것이다.

물론 남들에 비해 스토리텔링을 좀더 수월하게 하는 사람들이 있다는 건 부인할 수 없는 사실이다. 이야기꾼들은 한 마디만 질문해도 자기 이야기를 술술 풀어낸다. 반면에 좀더 조용한 책벌레 타입은 좀 주저할 수도 있다. 하지만 스토리텔링은 연습하면 누구나 나아질 수 있다.

아래의 내용은 개인별 유형을 막론하고 스토리텔링을 할 때 도움이 되는 몇 가지 제안 사항들이다.

- **친한 친구에게 부탁해서, 당신이 예수님을 믿게 된 사연을 인터뷰 형식으로 물어 봐 달라고 하라.** 그리고 그 친구와 나눈 대화를 녹음해 두라. 그 내용을 다시 한 번 들어 보면, 그 속에서 몇몇 통찰과 기억해 둘 만한 표현을 발견하게 될 것이다. 또한 하나님을 모르는 사람으로서는 이해하기 힘든, 심지어는 당신 자신도 제대로 이해하지 못할 종교적인 표현은 없는지 살펴보라.

- **영적 자서전을 쓰는 기분으로 시작해 보라.** 당신의 어린 시절은 어떠했는가? 그 당시 하나님은 당신 인생에서 어떤 역할을 하셨는가? 교회는 다녔는가? 그 때도 당신이 믿었던 영적 신념들이 있었는가? 그런 식으로 대화를 좀더 진행하라. 당신의 삶에 예수님이나 하나님 또는 그리스도인 친구가 최초로 영향을 미치기 시작한 때는 언제인가? 그 때 당신은 어떻게 반응했는가? 당신이 처음으로 영적인 진리들을 깨닫기 시작한 때는 언제인가? 예수님을 별로 중요시하지 않다가 그분이 정말 실재하는 분이라고 생각이 바뀌게 된 계기는 무엇인가? 당신이 신앙을 갖게 된 배경에 혹시 개인적, 가정적 또는 인생의 위기가 있지는 않았는가? 이 정도면 무슨 말인지 알 것이다.

- **그래도 막힌다면?** 대화의 흐름을 돕는 몇 가지 핵심 질문에 답해 보라. 하나님의 진리는 오늘 당신의 일상 생활에 어떻게 적용되고 있는가? 예수님을 믿고 나서 당신의 부모 역할은 어떻게 달

라졌는가? 당신의 직업에는 어떤 영향을 주었는가? 부모님과의 관계에서는 어떠한가? 이성과의 관계에서는 어떠한가? 당신이 매일의 삶을 헤쳐 나가는 데 도움이 되는 하나님의 약속에는 어떤 것들이 있는가? 나쁜 습관, 만성 질환, 큰 실망감, 감정적인 어려움 등과 같이 당신이 직면한 갈등을 해결하는 데 믿음이 어떻게 도움이 되었는가?

- **어쩌면 당신은 좀더 깊이 파고들어야 할지도 모른다.** 당신이 겪었던 힘든 문제 한 가지를 골라 보라. 폭식, 염려, 쉽게 화내는 성품 등. 예수님을 당신의 삶 속에 모셔들이기 전까지 이 문제를 어떤 식으로 처리했는지 그리고 그 때와 비교해서 지금은 어떠한지 말해 보라. 한 가지 짚고 넘어갈 사실은 믿음이 있다고 모든 문제를 면제받는 건 아니라는 것이다. 현재도 문제는 있을 수 있다. 하지만 예수님을 통해 하나님을 알게 되면 우리의 태도와 목표 그리고 접근 방식이 조정된다.

- **허황되게 소설을 쓰려 하지 말라.** 두려워하지 말고 솔직하라. 당신의 성장 과정이나 스스로 결정한 일들 중에 별로 맘에 들지 않는 부분이 있을지라도, 하나님은 다른 사람의 길을 비추는 데 그것을 유익하게 사용하실 수 있다. 그리고 기독교에 관한 질문에 모두 대답할 수 있어야 한다는 생각도 버리라. 아무도 그럴 수 없다.

- **갈림길에 설 경우 그것을 직시하고 결단하라.** 자신을 돌아보고 영적인 내력을 정리하다 보면, 실은 우리가 예수님을 진정 모르고 있다는 사실을 깨닫는 경우가 종종 있다. 아직은 모르고 있는 경우 말이다. 그럴 경우에 당신은 어떻게 하겠는가? 사실은 이야깃거리 자체가 전혀 없는 경우인데, 다만 자신에게 **극적인** 이야깃거리가 없다고 생각하기 쉽다. 예수님을 믿음으로써 일어나는 인생의 변화를 당신이 아직 경험하지 못했을 수도 있다는 말이다. 하지만 늦지 않았다. 하나님과의 관계를 시작하자는 초청에 지금 바로 응답하면 된다. 당신에게 하나님이 필요하다는 사실을 인정하고, 당신의 죄를 용서해 주시기를 간구하고, 당신의 삶을 그분께 내어드리면 된다. 자, 당신은 어떻게 하겠는가?
- **그리고 항상 기도하라.** 하나님이 당신의 삶 속에 행하신 일이 무엇인지를 말로 표현할 수 있게 도와달라고 간구하라. 그 일을 일기에 쓸 수도 있고, 편한 친구와 커피를 마시며 그 이야기를 나눌 수도 있고, 믿음의 공동체가 모이는 자리에서 짤막한 기도를 자청해도 좋다. 그런 식으로 이야기 기술을 개발하기 위한 다음 '단계'를 선택해서 실천해 보라.

베드로는 예수 그리스도 안에 거하던 1세기의 그리스도인들에게 편지를 쓰면서, 그들이 그리스도와 맺은 관계로 인해 정체성에 변화가 생겼음을 강조하였다. "그러나 여러분은 택하심을 받은 족속이요, 왕과 같은 제사장들이요, 거룩한 민족이요, 하나님의 소유가 된 백성입니다. 그래서 여러분을 어둠에서 불러내어 자기의 놀라운 빛 가운데로 인도하신 분의 업적을, 여러분이 선포하는 것입니다"(벧전 2:9). 우리 이야기는 어떻게 우리가 어둠에서 하나님의 놀라운 빛 가운데로 들어가게 되었는지를 말해 준다. **난 못해.…나는 극적인 간증거리가 없는 걸요**라는 자세를 넘어서서, 오히려 선포하며 나아가자!

자, 당신에게는 어떤 이야기가 있는가?

"그러나 여러분은 택하심을 받은 족속이요, 왕과 같은 제사장들이요, 거룩한 민족이요, 하나님의 소유가 된 백성입니다.
그래서 여러분을 어둠에서 불러내어 자기의 놀라운 빛 가운데로 인도하신 분의 업적을, 여러분이 선포하는 것입니다."
••• 베드로전서 2:9

6
아직도 모르는 게 많다

"기독교 신앙 가운데 우스꽝스러운 사실은,
그것을 믿으면서
동시에
믿지 않는다는 것이다.
마치 상상의 친구를 갖고 있는 것과 별다를 바 없다."
도널드 밀러

인생을 살다 보면 눈앞이 하얘지는 순간이 있다. 침이나 한번 꼴깍 삼킬 뿐, 아무 말도 할 수 없는 순간. 정보가 너무 많아서 그런가?

내 맞은편에는 프랭크가 앉아 있었다. 금방이라도 질문을 퍼부을 기세였다. 우리는 구원에 관해 이야기하고 있었다. 어떻게 구원을 받느냐 하는 문제였다. 하나님이 미리 정하신 대로 우리를 이끄셔서 결국 우리가 하나님을 믿게 되는 것이냐, 아니면 우리 자신의 선택으로 믿게 되는 것이냐 하는 문제였다. 프랭크는 성경책을 들고 각 장과 절을 누비며 나를 함정에 빠뜨리길 즐겨했다. 이 주제에 관한 한, 그는 아주 분명한 자기 견해가 있었다. 사실 그는 대부분의 주제에 관해 나름대로 명확한 견해가 있는 사람이었다. 나도 뭐, 어찌 보면 그런 사람이고.

기독교 신앙의 몇 가지 영역에 관한 한, 나는 아주 분명한 견해를 갖고 있다. 명쾌하고 증명 가능하고 부인할 수 없다고 생각되는 분야에 관한 한 말이다. 하지만 내 친구 중에는 뭔가에 대해 부인할 수 없는 사실인 것처럼 나를 강하게 밀어붙이는 사람이 있다. 나는 그렇게 생각하지 않는데 말이다.

프랭크와 맞은편에 앉아 있던 나는 갑자기 눈앞에 하얘졌다. 빛을 비추는 일과 관련해서, 나로서는 이 부분이 정말 '재미없는' 부분이다. 변증을 좋아하는 사람들을 많이 알고는 있지만(예를 들면 우리 남편 같은 사람), 나로서는 전도에서 이 부분이 가장 싫다. 생각을 요하니까 말이다. 논리도 필요하고, 말도 돼야 하고.

혹 당신이 지적인 부류의 사람이라면, 이 대목에서는 나의 부족함을 용서해 주기 바란다. 당신의 실망, 충분히 상상할 수 있다. 남들에게 기독교 변증을 제대로 해 보려고 이 책을 골랐을 텐데 말이다. 하지만 이 책 마지막에 있는 참고 문헌에 유용한 자료들이 실려 있으니 참고하기 바란다. 여기서는 어찌 할 도리가 없겠다.

하지만 이야기를 나누다 보면, **우리 이야기만으로는 불충분할 때**, 우리 삶을 좀더 큰 그 무엇과 연결시켜야 할 때가 온다. 우리 빛을 그 근원과, 우리 신앙을 하나의 신념 체계와 연결해야 할 때가 오는 것이다. **난 못해.…아직도 모르는 게 많거든요**라는 자세를 넘어서는 게 쉬운 일은 아니다.

그렇다. 그걸 상대방에게 이해시키려고 진 빠지게 열심히 설명하다 보면, 나도 내가 믿는 게 뭔지를 알게 된다. 나는 베드로전서 3:15 말씀에 완전히 사로잡혔을 때, 그게 무슨 의미인지 제대로 파악해야만 했다. "여러분이 가진 희망을 설명하여 주기를 바라는 사람에게는, 언제나 답변할 수 있게 준비를 해 두십시오." 오호, 통재라. 진이 빠지도록 말하란 말이지. **언제나…답변할 수 있도록…준비를 해 두십시오**…라는 말을 한 줄로 꿰어 보자. 정말 눈이 번쩍 뜨인다. 그냥 술술 읽어 넘어갈 수는 없는 문제다. 하지만 바로 다음 순간 되돌아오는 말 한 마디.…**난 못해. 아직도 모르는 게 많거든요**. 하아, 진 빠지는 순간.

「재즈처럼 하나님은」(*Blue Like Jazz*, 복있는 사람 역간)이라는 책에서, 작가 돈 밀러는 내 마음속을 들여다보기라도 한 듯 이렇게 쓰고 있다.

나는 예수님을 믿는다. 그가 하나님의 아들이라는 것도 믿는다. 그런데 그 사실을 다른 사람과 마주앉아 그에게 설명해 주려고만 하면, 왠지 나 자신이 손금 보는 사람처럼 느껴진다. 혹은 서커스 단원이나 지어 낸 이야기를 하는 아이, 또는 스타트랙 컨벤션(스타트랙에 관해 다양한 체험을 할 수 있는 대회-역주)에서 그 영화가 실제가 아니라는 걸 모르고 행동하는 사람처럼 느껴진다.

언제까지?

친구 하나가 그리스도인이 될 때까지. 나는 전도하는 걸 너무 겁내는지라 그런 일은 대략 10년에 한 번씩 일어나지만, 그 경험이야말로 행복감 그 자체다. 그 친구의 눈빛에서 예수님 이야기가 진실임을 알 수 있다.*

내가 바로 이런 사람이다. 다른 사람이 결신할 때, 비로소 나는 내가 믿는 바를 좀더 용기 있게 전하는 사람으로 성장한다. 다른 사람이 믿을 때, 나는 내가 알고 있는 것이 사실임을 알게 된다. 그리고 더욱 확신하게 된다.

물론, 나도 정답을 다 알지는 못한다. 하지만 다음 사항들만큼은 내가 알고 있다고 믿는 사실들이다.

- 하나님은 우리를 사랑하시며, 우리와 관계 맺기를 간절히 원하신다(요 3:16).

---

* Donald Miller, *Blue Like Jazz* (Nashville: Thomas Nelson, 2003), p. 51. 「재즈처럼 하나님은」, 복있는 사람.

- 하나님은 완전하시며 그 완전하심은 결코 타협이 없다(마 5:48).
- 우리는 모두 하나님의 완전하심에 못 미친다(롬 3:23).
- 이 불완전함(죄라고도 함)에 대한 형벌은 하나님으로부터 영원히 단절되는 것이다(롬 6:23).
- 하나님은 우리를 너무도 사랑하신 나머지, 우리 죄로 인한 형벌을 대신 치를 대가로 자신의 완전한 아들이신 예수 그리스도를 기꺼이 내어주셨다(요일 4:10).
- 하나님과 사랑의 관계 속으로 들어가려면 우리는 하나님의 선물을 받아들여야 한다(요 1:12).
- 하나님의 아들과 사랑의 관계를 누리는 이 선물(은혜)을 받아들일 때, 우리는 죽음을 넘어서서 그분과 영원히 함께 살 것이다(요 3:16; 롬 6:23).
- 하나님은 그분의 사랑으로 우리 자신과 우리의 생활 방식을 변화시키기를 원하신다(롬 12:1-3; 고후 5:17).
- 하나님은 우리의 삶을 통해 다른 사람들에게 그분의 빛과 소망을 비추기를 원하신다(마 5:16; 28:19).

이것이 내가 성경을 통해 굳게 붙잡는 신념들이다. 왜냐하면 나는 성경이 하나님의 말씀이며 진리라고 믿기 때문이다. 그렇게 믿지 않는 사람들도 있다. 사실 많은 사람들이 이 사실을 믿지 않는다. 성경을 알지도 못하고 읽어 보지도 않은 엄마 아빠들, 직장 동료와 십대 아이들 그리고 이웃 사람과 우연히 만날 경우, 어떻게 해야 하는가?

내 친구 래리 무디가 가르쳐 준 게 나에게는 많은 도움이 된다. 그는 PGA 담당 목사이자 "서치 미션"(Search Ministries)의 대표로 있는데, 기독교로 가는 데에는 세 가지 장애물이 있다고 한다.*

첫 번째는 정서적 장애물이다. 사람들 중에는 과거에 소위 '경건하다'고 하는 사람이나 사건 때문에 상처를 입은 경우가 많다. 그런 사람들은 기독교를 부정적인 경험과 결부시키기 때문에 기독교를 기피한다.

당신도 이런 유의 사람들을 알 것이다. 내가 알고 지내는 라일라라는 친구는 신앙을 강요하는 가정에서 성장했다. 한때 자신이 무엇을 믿어야 하는지 부모님한테 일일이 제시받았던 그녀지만, 지금은 하나님의 존재조차 의심스러워한다. 질문과 대답이 다 부모님 손에서 이루어졌기에, 라일라는 자신의 믿음에 대해 제대로 생각조차 해 본 적이 없었다. 그런 생각을 하는 것 자체가, 자신의 사고 체계를 발견하기보다는 부모님의 사고 체계에 자신을 내던져 버리는 것처럼 느껴질 것이다.

두 번째는 지적인 장애물이다. 기독교를 지적으로 거부하는 사람

---

* 이 장애물에 관해 좀더 자세히 알고 싶으면, www.searchnational.org를 찾아보라.

들도 있는데, 주로 결함 있는 논리나 정보가 부족해서 그런 경우다. 피트라는 사람은 세상에 존재하는 악의 문제를 극복할 수 없었고, 우리 주변에서 일어나는 모든 잘못된 것들을 다 하나님 탓으로 돌렸다. 선하신 하나님이라면 뭔가 하셔야 하지 않나 해서 말이다. 그래서 그는 기독교를 탐색하는 지적인 과정에서 이 지점을 넘어서지 못한 채 기독교를 내던져 버렸다.

마지막으로, 의지적 장애물이 있다. 결국은 믿기 싫은 것이다. 우리 모두가 갖고 있는 죄의 현실은 우리를 하나님과 분리시키는데, 그런 소외 속에서 산다는 건 좀 불편한 정도에서 그치는 일이 아니다. 실라는 건강하지 못한 관계에서 오는 고통을 약으로 다스릴지언정, 자신에게 도움이 필요하다는 사실은 인정하려 들지 않는다. 에릭은 여자 친구와 친밀감이 싹트려 할 때마다 왜 스스로 관계를 끊어 버리는지를 알아보기보다는, 이성과 자꾸만 깨어지는 관계 자체를 부정하고 싶어한다. 재니스와 미치는 환경 보호와 재활용 그리고 자기 몸을 극진히 보살피는 일에 온 열정을 쏟아부음으로써, 자신보다 더 큰 그 무엇을 향한 욕구를 잠재우려 한다.

위의 세 가지 이유들 때문에, 사람들은 우리가 하나님에 대해 믿는 바를 말할 때 제대로 듣지 못할 수 있다. 하지만 이 세 가지 이유 때문에 우리 자신조차 우리가 믿는 바를 제대로 몰라도 된다고 핑계댈 수는 없지 않은가. 다시 한 번 기억하자. 하나님은 우리가 사는 세상의 빛에 책임이 있고, 우리는 우리 자신의 촛불에 책임이 있다는 사실을.

아직 모르는 게 많아서 못 하겠다는 태도는 이제 별로 설득력이 없다. 모든 질문에 다 답변할 수 있는 사람은 아무도 없지 않은가. 실로 이 점에 관한 한, 모든 질문을 다 알고 있는 사람도 없을 것이다. 충분히 다 알았다고 해서 믿을 수 있는 사람은 어쩌면 아예 없을지도 모른다. 어느 지점에 이르면, 믿음을 가질 만큼 충분히 알게 되고, 그 때부터는 믿음이 그 남은 길을 예수님께로 인도한다.

당신이 믿음에 대해 알고 있다고 믿는 건 무엇인가?

"여러분이 가진 희망을 설명하여 주기를 바라는 사람에게는, 언제나 답변할 수 있게 준비를 해 두십시오."
••• 베드로전서 3:15

7

나와 다른 사람을 사귈 줄 모른다

"불꽃을 담은 그릇이 나서지 않을 때 그 불꽃은 더욱 명료해지나니."
루시 쇼

아론은 기독교 록 그룹의 리드 싱어다. 빳빳이 세운 머리칼 위에 야구 모자를 삐딱하게 눌러쓰고, 청바지는 찢어져서 구멍이 보인다. 다행히 더럽지는 않다. 티셔츠에는 나로서는 해독 불가능한 글자들이 휘갈겨져 있다. 옷을 뚫고 나온 듯한 두 팔에는 문신이 잔뜩 새겨져 있다. 말끔한 피부라곤 찾아볼 수가 없다. 아론의 눈이 생기 있게 빛나는 때는, 예수님에 대해서 이야기할 때와 노래를 부를 때다. 반주가 있건 없건 찬양 시간이면 온통 머리를 앞뒤로 흔들면서. 그리고 더 열광할 때는 온 무대를 종횡무진하며 리듬을 따라 팔을 휘젓고, 음악에 맞춰 검지손가락으로 허공을 찌르곤 한다. 십대 아이들은 그를 둘러싸고 빙빙 돌며 격렬한 춤을 추고 박자에 맞춰 고개를 힘껏 흔들어댄다.

나더러 아론 같은 식으로 사역하라고 하면 대답은 뻔하다. "안 돼요. 그런 말 마세요. **난 못해요. 나는 다른 사람들과 어떻게 관계를 맺어야 할지 모르거든요.**" 나는 이 편리한 변명을 아껴두었다가 익숙치 않은 것을 접할 때마다 열심히 꺼내 쓴다. "나는 베트남어를 할 줄 모르는데요. 노숙자들은 너무 냄새가 나요. '낯선 사람한테는 말 걸지 말라'는 안전 수칙도 모르시나요? 특히 우락부락한 남자들은 말이예요. 우리 이웃집은 큰 개를 키우는데, 저는 개 알레르기가 있거든요." 휴우, 됐다. 이제 올무에서 빠져나왔다. 빛을 발하라니 무슨. 얼른 피해야지.

우리는 대부분 나밖에 모르는 사람들이다. 이 점에 관한 한 논쟁하지 말자. 그건 기정 사실이니까. 따라서 우리의 안전지대 밖에 있는 사람에게 우리의 믿음에 대해서 말할 걸 생각하면, 입이 안 떨어지는 게 당연하다. **난 못해요. 나와 다른 사람들을 사귈 줄 모르는걸요.** 그렇게 꼭꼭 닫아 버린다. 심지어는 인생을 보는 관점이 우리와 다른 사람들을 문제시하기도 한다. 다른 것은 틀린 것이라고 생각하기 때문이다. 그럴 때 우리의 목적은 빛을 비추기보다는 자기 보호막을 치는 것이다.

그러나 그런 존재 방식은 오판일 수 있다.

미국 인구 통계과(American Demographics)의 보고에 따르면 2004년에 21세가 된 미국인은 410만 명인데, 그들의 특징은 다음과 같다고 한다.

> 편부모 슬하에서 성장한 사람 25퍼센트
> 동성 결혼의 합법화에 찬성하는 사람 47퍼센트
> 핸드폰 소지자 47퍼센트
> 신용카드 소지자 93퍼센트
> 카드 빚이 7,000달러 이상인 사람 10퍼센트
> 귀, 코 등을 뚫거나 문신을 한 사람 43퍼센트
> 현재 집에서 사는 사람 41퍼센트
> 기혼자 19퍼센트

이들이 당신과 비슷한 부류로 보이는가? 아니면 당신이 사는 세상에서 수억 광년 떨어져 사는 사람들로 보이는가? 우리가 그들을 '알건 모르건', 우리가 그들과 '비슷하건 다르건' 간에, 앞으로 몇 년 후면 이들도 우리와 나란히 어른이 되어 아이를 낳고 부모 노릇을 하고 출근을 하면서 세상을 살아갈 것이다. 그 때 그들이 우리 안에서 예수님의 빛을 알아볼게 될까? 우리의 빛은 그들의 문화가 이해할 수 있는 용기에 담겨 있는가?

조슈는 철학과 박사 과정중인 학생이다. 그의 머리는 레게 머리로 뒤덮여 있고, 그의 지성은 해체 비평 이론과 같은 복잡한 개념들이 휘감고 있다. 그의 가슴은 예수님을 향했다가 돌아섰다가 다시 되돌아가는 여정에 있다. 조슈는 음악가인 릴리와 결혼했다. 릴리는 외국에서 십대 사역을 하다가 지금은 음악에서 삶의 의미를 찾으며 음악을 통해 사람들에게 소망을 심어 주는 일에 헌신하고 있다. 조슈와 릴리는 나와 아주 비슷한 가정 환경에서 자랐다. 그리고 현재 그들은 내가 믿는 하나님과 동일한 하나님을 믿는다. 적어도 내 생각엔 그렇다. 하지만 그들이 믿음을 표현하는 방식은 내 방식과는 다르다. 그리고 그들이 믿음에 이르게 된 여정도 나의 여정과는 사뭇 다르다.

빛은 빛이다. 변할 수 없다. 하지만 집안을 비추는 빛이 촛불에서 전깃불로 바뀌었듯이, 복음 전도의 빛을 담는 용기도 오늘날의 문화와 잘 소통될 수 있도록 바뀌어야 한다. 이런 견해에는 논란의 여지도 많고, 심지어는 기독교 내에 '별들의 전쟁'을 초래할 수도 있다. 왜 그럴까? 어쩌면 우리는 복음 전도의 '올바른' 방법을 찾아 그것에만 전념하고 싶어하는지도 모른다. 끊임없이 변하는 시대의 요구 속에서 흔들림 없이 진리에 헌신해야 하지만, 그 진리를 소통하는 방법론에서는 어느 한 가지에만 매달리는 것이 비현실적인지도 모른다. 이런 현실을 충족시키기란 불편하고 쉽지 않다. 특히 오늘날 우리 주변의 문화를 충분히 이해하지 못할 경우에는 더욱 그렇다.

그러므로 이 점에 관해서 뭔가를 시도해 보자. 우리가 살고 있는 이 세상을 이해해 보자. 최소한 이해하려고 노력이라도 해 보자. 변화하는 문화 속에서 길을 비출 수 있는 몇 가지 방법을 찾아보니 다음과 같다.

먼저 **포스트모더니즘**부터 살펴보자. 우리는 포스트모던 시대를 살고 있다. 과거에는(구체적으로는 우리가 '근대'라고 불렀던 시기) 객관성, 분석 그리고 통제와 같은 주된 가치에 누구나 동의했다. 모든 게 '흑백' 논리요, '옳고 그름'에 관한 문제였다. 하지만 오늘날은 그런 절대 가치들의 설득력이 떨어진다. 많은 포스트모더니스트들은 근대 사상이 본질적으로 구태의연했다고 본다. 그렇다면 이들은 어떤 사람들인가? 물론 어느 세대에나 그런 사람들은 있지만, 대체로는 젊은 층이고, 미국의 경우에는 북부나 동서 해안가의 도시에 거주하는 경향이 있다.

포스트모던 사상가들은 기독교의 '절대 진리들'이 제시되던 전통적인 방법을 때로는 전도와 관련해 부정적으로 보기도 한다.

- 오만함: 그리스도인들은 그들의 신앙이 '유일하게 참된 종교'라고 강조하면서 다른 종교를 경멸하고 무시한다.
- 비판주의: 그리스도인들은 자기들과 다른 걸 믿거나 다르게 행동하면 그게 잘못되고 나쁘고 죄된 것이라고 판단한다.
- 공식주의: 그리스도인이 되는 것과 그리스도인다운 삶을 사는 것에 관해서 그들은 흑백 논리에 근거한 공식을 신봉한다.

수많은 교회의 지도자들은 급격히 확산되고 있는 포스트모던 세계관에 대한 대응책으로서, 예수님의 적실성(relevance)을 잘 전달할 수 있도록 예배와 전도 프로그램을 '새로운 용기'에 담는 작업을 하고 있다. 이런 움직임을 **창발적 교회**(emerging church)라고 부른다. 다음과 같은 것들이 그러한 노력의 일환이다.

- 진정한 공동체: 관계가 사역의 핵심이다. 사람들은 한 그룹에 영원히 소속되고 싶어하며, 어떤 상황에서는 이 욕구가 직업보다 더 우선시되는 경우도 있다. 영원한 것에 대한 갈망이 대단히 크다. 영적인 것을 영적인 것으로 보는 관심을 숨기기보다는 그대로 드러낸다.
- 종교적 의례: 사람들은 자신에게 의미있는 방식으로 기독교 신앙의 근원에 맞닿기를 원한다. 신비와 기적을 중요시한다. 예술과 다양한 형태의 의식들을 매우 강조한다.
- 선교적 자세: 신앙은 행동으로 살아져야 한다. 신앙 자체만으로는 불충분하다. 자신이 배우고 믿은 결과, 세상으로 나아가 섬기는 사람들이 얼마나 많은가가 신앙 생활이나 교회의 성공 여부를 판가름한다.
- 총체적 시각: 신앙은 삶의 모든 영역에 영향을 미친다. 일요일에는 이런 사람, 평일에는 다른 사람이 되는 구분은 허용되지 않는다.

- 경험적 접근: 사람들은 공동체에서나 개인적으로나 늘 하나님을 보고 듣고 만지고 느끼고 맛보아 알기 원한다.
- 교리적 다양성: 기독교의 교파 문제에는 별로 중점을 두지 않고 각 교파의 노선이 견지하는 신앙의 기본을 좀더 존중하는 분위기다.
- 과정 중심의 전도: 그리스도를 믿는 것은 과정이다. 신앙과 관련된 질문도 내세, 즉 천국과 지옥이 있고 '불심판'을 면하려면 믿어야 한다는 방식보다는 각자의 삶의 목적, 인생의 의미 등에 좀더 관심을 둔다. 설명보다 체험이 우선하고, 믿음보다 소속감이 우선한다. 말보다는 이미지가 우선한다.

그런데 우리는 여전히 뜬구름만 잡고 있는 건 아닌가?

이것이 우리가 나아가야 할 방향이다. 아니, 우리가 처한 현주소다. 우리와 다르게 생각하는 사람은 무조건 나쁘고 틀리고 이상하다고 거부하며 꺼리기 쉽다. 하지만 사고방식이 다르다고 해서 그렇게 생각할 필요는 없다. 그저 우리와 **다를** 뿐이다. 화내고 황당해하기보다는 오히려 우리가 빛을 비추면 어떨까? 우리는 어두운 세상에 살고 있다. 하지만 하나님의 빛이 우리 안에 들어오셨고, 우리는 세상을 비추도록 부름받았다.

난 못해.…나와 다른 사람과 어떻게 관계를 맺어야 할지 모르거든요

맞는 말이겠지만 실상 이 지구상에는 우리와 **다른** 사람이 지천이다. 나와 다른 세계관, 다른 문화, 다른 사고방식을 자꾸만 불편해하다 보면, 점점 방어적이고 비판적이고 배타적이 된다. 예수님은 문화적 쟁점들을 건드릴까 봐 조심하기보다는 정면돌파하셨다. 훤한 대낮에 사마리아 여인에게 말을 걸으셨고(이는 듣도 보도 못한 일이다!), 당시 종교 지도자들에게는 그들이 절대로 천국에 들어갈 수 없는 신학에 매달리고 있다고 말씀하셨다. 그리고 **모든** 사람이—심지어는 이방인조차—하나님을 믿을 수 있는 길을 예비하셨다.

우리는 두려움의 자리를 넘어서 나아가야 하고, 단순한 접근에 잠재되어 있는 위험을 직시해야 한다. 그리하여 하나님이 새로운 사고방식 속에서 일하실 수 있는 여지를 마련해야 한다. 하나님은 우리 주변에서 벌어지고 있는 일들에 전혀 놀라지 않으신다.

빛은 빛이다. 빛에는 엄청난 위로와 안전과 **능력**이 있다. 다만 우리 시대의 어둠을 뚫고 들어가기 위해서 우리의 빛을 담는 **용기**를 바꿀 필요가 있을지도 모른다.

우리 세대가, 그리고 우리의 위, 아래 세대가 이 세상에 어떤 식으로 접근하는지를 이해하는 것도 이런 이유에서 매우 중요하다. 그래야 우리가 믿는 진리를 타협하지 않으면서도, 그들의 세계관에 부합하도록 우리의 용기를 바꿀 수 있다. 이렇게 문화적 감수성을 존중하는 태도는 비단 21세기에만 있는 새로운 현상은 아니다. 바울은 고린도전서 9:19, 22에서 이런 태도를 보여 준다. "나는 어느 누구에게도 얽매이지 않은 자유로운 몸이지만, 많은 사람을 얻으려고, 스스로 모든 사람의 종이 되었습니다.…나는 모든 종류의 사람에게 모든 것이 다 되었습니다. 그것은, 내가 어떻게 해서든지, 그들 가운데서 몇 사람이라도 구원하려는 것입니다."

로버트 웨버(Robert Webber), 댄 킴벌(Dan Kimball), 브라이언 맥라렌(Brian McLaren), 팀 켈러(Tim Keller) 그리고 기타 여러 전문가들의 연구 조사 결과에 기초해서, 각 세대의 특징과 그들이 영적인 진리와 욕구에 어떻게 대처하는지에 대해 살펴보도록 하자. 이 범주를 훑어보면서 주의해야 할 점은, 결국 개인은 개인이라는 사실이다. 윗세대에서는 근대적인 사고방식을 가진 사람들을 만나게 되고, 아랫세대에서는 포스트모던한 사고방식을 가진 사람들을 만나게 될 것이며, 또 그 반대의 경우도 있을 것이다.

윗세대:
- 대체로 근대적인 사고방식.
- 의사소통은 주로 말을 통해서 이루어진다.
- 믿음은 증거 또는 증명에 근거한다.
- 교회는 개개인이 예배드리는 장소다. 또한 문화에 대한 종교적 목소리이자 도덕적 행동의 지침이고 전문 목회자에 의해 운영된다.

- 전도는 강단 앞 초청과 전도지를 활용하는 대중 집회를 통해 이루어진다. 회심은 죄인의 기도를 통해 즉각적으로 일어난다.

동세대:

- 근대적인 사고방식과 포스트모던한 사고방식이 공존한다.
- 의사소통은 즉각적이고 주로 테크놀로지를 통해 이루어진다.
- 믿음은 '효과가 있는가'에 근거한다.
- 교회는 각 사람의 필요를 충족시키고, 비신자들에게 나아가며, 인간성을 교정하는 곳이다. 그리고 사업체 개념으로 운영된다.
- 전도는 구도자 예배를 통해 이루어지며, 그리스도께 인격적인 헌신이 있기까지 점진적인 과정임을 강조한다.

아랫세대:

- 대체로 포스트모던한 사고방식.
- 의사소통은 상호적이고 주로 인터넷과 공동체를 통해 이루어진다.
- 믿음은 소속감을 통해 생긴다.
- 교회는 성육하는 공동체로서, 교우들은 상처 많은 세상에 작은 그리스도가 된다. 반체제 문화적인 공동체로 기능하며, 목회자와 교우들은 동역자 개념으로 사역한다.
- 전도란 하나의 과정으로서, 제자 훈련과 멘토링을 받으면서 차

차 믿음을 갖게 된 사람들을 받아들이고, 그들은 세례 등의 의식을 통해 헌신을 표현한다.

각 세대마다 분명한 차이점이 있다. 하지만 기억해야 할 사실은, 각 세대가 삶과 신앙에 어떻게 접근하는지를 잘 이해하면, 주변에 진리를 드러내고 빛을 비추는 과정에서 좀더 효과적으로 각 세대와 의사소통할 수 있다는 점이다.

이제 우리의 빛나는 검(劍)은 내려 놓자. 별들의 전쟁을 할 필요는 없다. 빛은 빛이다. 세상이 변하면, 하나님의 빛을 담는 용기와 그것을 전달하는 방식도 변해야 한다. 텍사스 주의 작은 마을에 있는 축구 경기장의 조그만 행사에서도 우리는 빛이 될 수 있다. 연중무휴인 뉴욕 시의 타임즈 스퀘어에서도 우리는 빛이 될 수 있다. 와이오밍 주의 숲 속에 있는 방갈로에서 촛불 하나에 인생을 의지하면서도, 우리는 빛이 될 수 있다.

은하계와 그 너머를 향하여 빛을 비추자!

"나는 모든 종류의 사람에게 모든 것이 다 되었습니다. 그것은 내가 어떻게 해서든지, 그들 가운데서 몇 사람이라도 구원하려는 것입니다."
••• 고린도전서 9:22

어둠에서 빛으로

"우리의 회심은 전적으로 우리 편에서만 이루어지는 게 아니다.
하나님은 우리를 회심시키는 과정에 꾸준히 참여하신다.
우리의 의지를 그분의 뜻대로, 우리의 두려움을 그분의 확신으로,
우리의 노력을 그분의 채우심으로, 기독교적인 삶을 향한
우리의 추구를 우리 안에 있는 그분의 생명에 내어맡기는 그 과정에 참여하신다."
웨인 브라운

    나는 열여섯 살 때 "영 라이프"(Young Life)라는 기독교 단체를 통해 그리스도인이 되었다. 적어도 최근까지는 그렇다고 생각했다. 하지만 지금은 정말 그런 건지 잘 모르겠다.

    나는 깨어진 가정에서 자랐다. 우리 부모님은 내가 다섯 살 때 이혼하셨고, 그 후 플로리다에 살던 아버지는 일 년에 한 번 정도 출장 차 서부에 오실 때만 볼 수 있었다. 엄마는 알코올 중독으로 고생하셨다. 나는 언니랑 남동생과 함께 살면서 어려서부터 내 힘으로 살아가는 법을 배웠다.

    유년 시절에 가장 기억에 남는 건 교회와 예수님 그리고 하나님이

다. 매주 일요일마다 엄마는 우리 셋을 교회에 데려다 주고는 몇 시간 후쯤 데리러 오곤 하셨다. 언니와 내가 어른 성가대에 들어간 것도 어쩌면 교회에 있는 시간을 어떻게든 채워야 했기 때문인지 모른다. 어른들이 왜 우리를 끼워 주셨는지는 모르겠지만, 어쨌든 우리는 크림색 띠가 드리워진 자주색 성가대 가운을 입고 매주일 찬양을 했다. "이새의 뿌리에서 새싹이 돋아나…" 가사의 의미는 대체로 이해할 수 없었지만, 그래도 마음을 다해 불렀다.

내가 기억하는 한, 나는 늘 하나님을 믿고 사랑했다. 진심으로, 온전하게, 간절히. 그러니 아주 오랜 후(내가 열여섯 살 때) '그리스도인이 된다는 것'은 예수님께 내 마음에 들어와 달라고 기도하는 것이라는 말을 들었을 때, 내가 얼마나 실망했겠는가? 이럴 수가! 그렇다면 이때껏 해 오던 것은 다 뭐란 말인가? 내가 얼마나 어리석었기에 이렇게 중요한 단계를 놓쳤단 말인가? 수치심이 밀려들었다. 내가 예수님께 속하기 위해 꼭 해야 할 말은 입 밖에도 안 낸 채, 마치 예수님이 나에게 속한 분인 양 그분과 어울려 지내 온 느낌이었다.

수치심에 쉽게 빠지는 내 성격 저변에는, 부모님의 이혼과 관련된 핵심 문제와 두 분이 헤어지게 된 게 나 때문이라는 생각이 자리잡고 있었다. 그 수치심을 한 겹 두 겹 벗겨내자 결국 드러나는 것은, 내가 하나님께 뭔가 '잘못했다'는 자책감과 그분께 '제대로' 하고 그분을 내 마음에 영접해서 내 실수를 깔끔하게 만회해야 한다는 생각이었다. 사람들을 즐겁게 해주는 착하고 인기 있는 아이였던 나는, 그 제안을 즉각 순순히 따랐다. 영접 기도를 하고 그리스도인이 된 것이다. 휴우. 이제 됐다. 이번에는 '제대로' 했군.

그 때를 생각해 보면, 내가 '하나님께 제대로 했다'는 당당함이 있었던 것 같다.

나는 열여섯 살 때 그리스도인이 되었지만, 회심은 그보다 일찍 시작되었음을 이제는 알겠다. 이 사실도 최근에야 깨달은 것이다. 하나님께 '제대로' 해야겠다는 생각 때문에, 그 이전부터 진행된 여정의 단계들을 부정했다. 그 단계가 궁극적으로 마지막 단계인 죄인의 고백 기도로 이어지지 않았기 때문에 별로 중요시하지 않았던 것이다. 하지만 지금은 그 어릴 적 경험들이 쌓여 절정의 순간을 가능케 한 초석이 되었다고 생각한다. 그런 시기가 없었다면, 나의 결정이 그렇게 명쾌할 수 있었을까?

나는 어린 나이에 어른 성가대에 끼어 찬양을 하던 그 동네 교회에서 예수님을 믿었다. 그리고 열두 살 때 세례를 받았다. 장로교회에서 물 몇 방울 뿌려 주는 그런 세례를. 그 때 하얀색 어린이 성경책을 받았는데, 그걸 열심히 교회에 들고 다니며, 분홍색 책장을 열심히 넘기고, 겉표지에 금박으로 찍힌 내 이름을 어루만지곤 했다.

열세 살 때도 텍사스 주 휴스턴에 있는 교회에서 주일학교 교실로 가는 계단을 오르내리며 그리스도에 대한 믿음을 꾸준히 키워 나갔다. 그 교실 끝에는 예수님과 제자들의 모습이 그려진 장식용 접시가 진열대 위에 놓여 있었다. 교실 끝까지 걸어가 오른쪽으로 돌아가야만 했는데, 그럴 때마다 나는 예수님과 눈이 마주쳤고, 예수님은 나를 그냥 놓아 주지 않으셨다. 그분의 눈이 내 눈을 사로잡았다. 그분이 나를 알고 계시다는 사실을 나는 알고 있었다. 중학교 후반부에 나는 선택의 기로에 서 있었다. 나쁜 애들과 어울릴 것인가, 좋은 애들과 어울릴 것인가—그 때 누군가 내 안에서 나를 건전한 방향으로 이끌어 주는 것을 감지했다. 그렇게 나의 회심은 계속되었다.

열여섯 살 때 나는 교회에서 리더로 임명받았다. 우리 교회는 당시 예수 운동에 참여하였고, 대위임명령(The Great Commission)과 지도자 그룹 속에 모든 세대를 포용하고자 했다. 나는 회의에도 참석하고 성만찬도 도왔다.

열여섯 살 후반에 나는 예수님께 내 마음에 들어와 달라고 영접 기도를 하고 드디어 '그리스도인이 되었다.'

이렇게 헤아려 보니 나라는 한 사람이 그리스도인이 되는 데 무려 16년이 소요되었다(여기에는 내가 예수님을 찾고 있는지도 모르면서 찾았던 다섯 살 때의 그 어린 시절까지 포함된다). '정말 16년인가?' 그렇다. 그렇게 긴 시간이 걸렸다. 하지만 더 오래 걸리는 사람도 있다.

여기서 잠시 '광년'을 생각해 보자. 광년이란 일종의 거리 단위로서, 빛이 일 년 동안 이동하는 거리를 말한다. 그게 얼마나 먼 거리인지 아는가? 9조 6천억 킬로미터다! 따라서 어떤 것이 빛의 속도로 이동한다는 말은, 정말 빠르다는 의미다. 하지만 이 말에는 오해의 소지가 있다. 오늘밤 우리 눈에 보이는 하늘의 별들 중에 어떤 별빛은 19조 킬로미터 가량 떨어진 곳에서 출발해 대기권 안에 들어온 빛도 있다. 그 빛은 아주 아주 오래 전에 출발했으나, 이제야 우리 눈에 들어온 것이다. 따라서 우리 눈에 보이는 별빛은 실은 아주 오래 전에 생긴 것이다(때로는 은하계 저 멀리에서).

하나님을 알아가는 여정중에 있는 사람들도, 우리와 관계를 맺기 훨씬 전에 이미 하나님은 그들의 삶 속에서 일하시기 시작했다. 그리고 우리가 그들의 삶에서 사라진 후에도 오랫동안 일하실지 모른다. 전도란 일정 한도 내에서 시간과 에너지를 투자하는 일이 아니다. 오히려 전도란 오랜 시일에 걸쳐 다양한 빛의 밝기로, 상대방을 한 겹 두 겹 감싸는 것이다. 때로는 희미하게, 때로는 밝게. 또 때로는 찬란하고 환하게.

사람마다 그리스도인이 된다는 의미를 다르게 받아들인다는 말을 들은 적이 있다. 어떤 사람들에게는 마치 방에 들어가서 커튼을 열어둔 채 잠자리에 드는 것과 같다. 그들이 자고 있는 어느 시점에, 열어둔 커튼 사이로 빛이 스며든다. 언제 그렇게 되었는지는 그들도 모른다. 다만 그들이 아는 것은, 캄캄할 때 방에 들어갔는데 깨어 보니 방이 환하더라는 것이다.

그런가 하면 그리스도인이 된다는 것이 훨씬 더 명료한 경험으로 다가오는 사람들도 있다. 그들은 마치 커튼을 확실하게 내리고 잠자리에 든 사람과 같다. 그들이 잠에서 깨어났을 때도 방은 여전히 어둡다. 그러나 창가로 가서 커튼을 열자, 빛이 방으로 쏟아져 들어온다. 그러면 그들은 시계를 보고 그 때가 언제인지 기록해 둘 수 있다.

첫 번째 예를 보면, 회심은 우리 삶 속에 드러나신 하나님에 대한 점진적인 반응이라고 할 수 있다. 두 번째 예를 보면, 회심은 하나님의 임재를 생생하게 의식하는 구체적인 어떤 순간이라고 할 수 있다. 두 경우 다 구원은 선명하고 확실하다. 비록 신비의 베일에 가려 있기는 하지만.

두 가지 경우 모두 하나님은 불신자가 그들의 시간대와 상황 속에서 '됐다' 할 때까지 기다리신다. 그 일이 어떻게 일어나는가는 개인마다 다르다. 그 일은 과정을 통해 일어난다. 그 여정에서 불신자를 돕는 일에 관여하는 우리가 보기에는 그 과정이 고통스러울 만큼 느릴 수도 있고, 놀랄 만큼 신속할 수도 있다.

나는 열여섯 살에 그리스도인이 되었다고 생각했다. 하지만 그 이전부터 나는 계속 그리스도인이 되어 가고 있었다. 그리고 이제 나의 구원이 절대 견고하다는 사실을 알고는 있지만, 이 글을 쓰고 있는 지금도 나는 여전히 하나님이 원하시는 내 모습으로 되어 가고 있다.

회심은 과정이다. 그 과정이 어떤 이에게는 짧고 어떤 이에게는 좀더 길 뿐이다. 짧은 회심의 예를 들어 보겠다. 성경에는 예수님의 치유를 받고 **즉각** 예수님을 따른 사람들의 예가 많이 있다. 요한복음 4장을 보면, 예수님은 우물가의 여인을 만나 그녀에게 정곡을 찌르는 질문을 몇 가지 하신다. 그리고 물을 한 번 길을 정도의 시간이 지난 후, 그 여인은 예수님과 그분이 주시는 생수를 선택한다. 마태복음 8장에 기록된 백부장은 예수님을 믿는 데 불과 몇 분밖에 걸리지 않았다. 이런 경우들은 변화와 결과 그리고 믿음의 **인식**이 신속하고 분명하다.

성경에는 다른 경우, 즉 회심이 좀더 오래 걸린 경우도 나온다. 요한복음 3장에 보면 니고데모는 하나님에 대해 좀더 알고자 밤에 예수님을 찾아왔다. 그가 언제 진리를 마음으로 '영접'했는지는 구체적으로 나와 있지 않지만, 요한복음 19:39에는 나중에 그가 예수님의 시신을 가져간 아리마대 요셉과 함께 있었음이 기록되어 있고, 이로써 우리는 그가 의심하는 쪽보다는 믿는 쪽에 있었음을 알 수 있다.

예수님이 니고데모에게 하신 말씀은 우리가 회심할 때 즉 불신앙에서 신앙으로, 죽음에서 생명으로, 어둠에서 빛으로 돌아설 때 좋은 지침이 된다.

하나님께서 세상을 이처럼 사랑하셔서 외아들을 주셨으니, 이는 그를 믿는 사람마다 멸망하지 않고 영생을 얻게 하려는 것이다. 하나님께서 아들을 세상에 보내신 것은, 세상을 심판하시려는 것이 아니라, 아들을 통하여 세상을 구원하시려는 것이다. 아들을 믿는 사람은 심판을 받지 않는다. 그러나 믿지 않는 사람은 이미 심판을 받았다. 그것은 하나님의 독생자의 이름을 믿지 않았기 때문이다. 심판을 받았다고 하는 것은, 빛이 세상에 들어왔지만, 사람들이 자기들의 행위가 악하므로, 빛보다 어둠을 더 좋아하였다는 것을 뜻한다. 악한 일을 저지르는 사람은, 누구나 빛을 미워하며, 빛으로 나아오지 않는다. 그것은 자기 행위가 드러날까 보아 두려워하기 때문이다. 그러나 진리를 행하는 사람은 빛으로 나아온다. 그것은 자기의 행위가 하나님 안에서 이루어졌음을 드러내려는 것이다.

요한복음 3:16-21

회심이 과정이듯 전도도 과정이다. 하나님은 빛을 한 겹 두 겹 점진적으로 비추시되, 어둠 속에 있는 사람이 마침내 그것을 깨닫고 반응하여 구원이 일어날 때까지 그리 하신다.

전도는 과정이다. 결국 전도를 못 하는 이유도 할 수 있는 이유도 문제의 핵심은 아니다. 문제의 핵심은 빛이며, 그 빛이 어둠 속에 존재하느냐 안 하느냐다. 우리의 빛이 어떤 것은 결과가 즉시 나오고 어떤 것은 서서히 나오는 은하계의 빛들 중의 일부라는 사실을 깨닫는다면, 우리는 **난 못해**를 넘어서 **난 할 수 있어**로 나아갈 수 있다.

우리는 비추고 비추고 계속 비추어야 한다. 누구든지, 어떤 용기에 담겨 있든지, 온 세상을 향해 비추어야 한다. 어둠 속에 있는 사람이

언제 어떻게 반응할지 조종할 수는 없다. 그건 정말 성령만이 하시는 일이다. 하지만 남들에게 소망의 길을 비추는 환한 빛이 될 선택권은 있다. 결과는 때가 되면 나타날 것이다.

"하나님께서 세상을 이처럼 사랑하셔서 외아들을 주셨으니, 이는 그를 믿는 사람마다 멸망하지 않고 영생을 얻게 하려는 것이다.… 그러나 진리를 행하는 사람은 빛으로 나아온다. 그것은 자기의 행위가 하나님 안에서 이루어졌음을 드러내려는 것이다."
••• 요한복음 3:16, 21

제2부
'난 할 수 있어'로 나아가며

어느 날 저녁, 한 소년이 바닷가를 거닐고 있었습니다. 걷다 보니 파도에 떠밀려 온 불가사리가 살겠다고 팔딱거리는 모습이 보였습니다. 소년은 불가사리를 살살 들어올려 바다로 보내 주었습니다.

그 때 어떤 남자가 소년에게 다가와 이렇게 말했습니다. "그래봤자 소용없단다. 불가사리가 몇 백 마리씩 한꺼번에 파도에 밀려와 죽어 나가는데, 그까짓 한 마리 살려 준다고 무슨 소용이 있겠니?"

그러자 소년은 고개를 들고 그 남자를 쳐다보며 이렇게 말했습니다. "저 불가사리 한 마리한테는 소용이 있지요."

출처 미상

8

사람들을 있는 모습 그대로 받아들일 수 있다

"어떤 이는 교회의 종소리를 들을 수 있는 반경 안에서 살고 싶어하지만, 나는 지옥의 문턱에서 구조대를 운영하고 싶다."
C. T. 스터드

    나는 수영장 가장자리에 의자를 놓고 편히 앉아서 잡지를 뒤적거리고 있었다. 그 날, 일요일 오후에는 일어나기가 극히 드문 일이 일어났다. 내가 아이들을 수영장에 데리고 가겠다고 자청한데다, 아이들도 몹시 가고 싶어했고, 날씨도 너무나 완벽했던 것이다. 아이들은 팔에 끼우는 물놀이용 튜브와 물안경을 조절하는 데 내 도움이 필요한 나이도 지났고, 내 시야 안에서 친구들과 놀고 있었다. 나는 평화로운 5분을 한껏 누리고 있었다.

    그 때 몇 미터 안 되는 거리에서 들려오는 어떤 남자의 화난 목소리가 순식간에 내 관심을 끌었다. 그 남자는 수영장에서 걸음마쟁이를 끌고 나오면서 한 무리의 십대 아이들에게 성난 목소리로 쏘아붙였다. "말 좀 조심할 수 없겠니? 어린아이들 앞에서 그게 무슨 말버릇이냐?"

우리는 선글래스를 쓰고 있었는데도 눈이 마주치는 걸 느꼈다. "쟤네들이 저런 식으로 말한 게 한참 됐나요?" 그가 물었다.

당황한 내가 대답했다. "글쎄요. 전 그 쪽에 별로 신경을 쓰지 않아서…잡지를 읽고 있었거든요."

그 순간, 당시 열 살이던 우리 딸 에바가 이미 상황 파악을 하고서는 내게 다가왔다. 여덟 살짜리 에단도 그리 멀지 않은 거리에 있었다. 집으로 가려고 물건을 챙기고 있는데, 에바는 그 아저씨가 왜 그렇게 화가 난 거냐고 내게 물었다. 십대 아이들이 말을 험하게 했는데, 그 아저씨는 그 말이 자기 아이 귀에 들릴까 봐 염려한 거라고 대답해 주었다. "그 언니 오빠들이 뭐라고 말했는데요?" 에바가 물었다.

"나도 잘은 몰라. 잡지를 읽던 중이었거든. 아마 쌍 시옷자가 들어가는 심한 말들을 했겠지." 나는 이 부분에서 잠시 곰곰이 생각하다가 에바에게 물었다. "너도 학교나 동네에서 그런 욕설 들어 본 적 있니?"

그러자 머뭇거리지도 않고 바로 대답이 나왔다. "그럼요. 항상 듣죠." 그 때까지만 해도 나는 그 문제에 관해 좀 순진한 편이었지만, 어쩌면 슬슬 그 문제를 다룰 때가 되었는지도 모른다는 생각이 들었다.

"아이들이 그런 욕설을 할 때 너는 어떤 생각이 드니?"

이번에도 딸 아이는 즉각 대답했다. "제 생각에는요, 그 애들이 하나님을 잘 모르고, 또 그렇게 말하는 걸 하나님이 싫어하신다는 것도 모르는 것 같아요."

고린도전서 2:14과 16절에서 바울은 이와 아주 유사한 말을 했다. "그러나 자연에 속한 사람은 하나님의 영에 속한 일들을 받아들이지 아니합니다. 그런 사람에게는 이런 일들이 어리석은 일이며, 그는 이런 일들을 이해할 수 없습니다. 이런 일들은 영적으로만 분별되기 때문입니다.…그러나 우리는 그리스도의 마음을 가지고 있습니다." 수영장에서 아이 아버지가 욕설에 그렇게 분노한 이유가, 영적으로 용납할 수 없기 때문인지 아니면 자기 아들이 살아갈 세상의 부도덕성에 실망했기 때문인지는 알 수 없다. 하지만 에바의 대답은 그 당시에도 이해가 되었고, 내가 살고 있는 세상의 어두운 곳에 나의 작은 빛을 드러내고 있는 지금도 이해가 된다. 다른 사람에게 나의 신앙을 전하는 것과 관련해서, **나는 그들을 있는 모습 그대로 받아들일 수 있다**.

여기는 하나님을 알고 사랑하는 세상이 아니다. 그걸 기대해서는 안 된다. 하나님을 모르는 사람들이 마치 하나님을 아는 것처럼 행동할 수는 없다. 누군가 말했듯이, 우리는 먼저 그들이 이해할 수 없다는 사실을 이해해야 한다. 그러므로 우리가 나가서 빛을 비출 때, 어둠 속에 있는 사람들이 하나님의 빛의 임재 속에서 어떻게 행동하리라는 기대를 버려야 한다. 이러이러한 건 안 된다는 태도를 버려야 한다.

동네에서 (여럿이 모여 주사위 게임을 하는) 벙코 파티가 열린다. 가느냐 마느냐 그것이 문제로다. 물론 하나님은 어둠 속에서 그분의 빛을 비추기를 당연히 원하신다. 벙코 파티에는 어둠 속에 있는 사람들이 꽤 온다. 당신 안에는 하나님의 빛이 있다. 하지만 그 파티에는 술과 담배 그리고 저질스런 언어와 형편없는 도덕 수준이 판칠 것이다.

그렇다. 때로 하나님을 모르는 사람들은 그런 식으로 행동한다(때로는 하나님을 아는 사람들도 그런 식으로 행동한다).

당신이 좀더 수고하기로 작정하고, 당신 집에서 주말 모임을 가질 계획이라고 하자. 그 동안 직장에서 동료 몇 명을 알게 되었고, 이제 그들과 좀더 개인적으로 친해질 시기가 되었다고 생각한다. 하지만 주저되기도 한다. 그 중 한 남성은 동성애자다. 혹시 자기 파트너를 데려오고 싶어할지도 모른다. 남성 파트너를 말이다. 어쩌면 당신은 그 사람에게, 이 모임은 가족 중심의 모임이라고 말해 줄 수도 있겠다. 하지만 남자 친구랑 같이 오고 싶어하는 여성 동료에게도 그렇게 말할 수 있겠는가? 그 여자가 남자 친구와 동거하고 있다면 어떻게 하겠는가 말이다.

전도는 이렇게 복잡해질 수도 있는 문제다. 단순히 집에서 모임 한 번 가지려 했던 것이 도덕적 딜레마에 빠져 버린다. 그런 유의 문제가 우리 빛을 휘감아 결국 그 빛을 꺼뜨릴 위험마저 도사리고 있다. 그 문제들이 의도와는 상관없이 빛을 절실히 필요로 하는 가장 어두운 장소에서 우리의 빛을 막아 버릴 수도 있다.

현실을 직시하자. 예수님은 사람들이 그분께 나아오기 전에 그들의 생활 방식과 행동을 먼저 바꾸라고 요구하시지 않는다. 그런데 왜 우리가 그래야 한단 말인가? 예수님은 사람들의 있는 모습 그대로를 받아 주신다. 그들의 습관과 결함과 그 모든 것을. 기존 생활 방식에서 다른 생활 방식으로의 변화는 사람들이 예수님을 알고 그들의 삶 속에서 예수님의 사랑에 반응한 **이후에** 일어난다. 사람들더러 믿기 전에 먼저 자신을 깨끗이 하라는 요구를 예수님도 하시지 않는데, 왜 우리가 한단 말인가?

잠시 시간을 내어 당신이 다른 사람들한테 강요하는 경향이 있는 '안 되는 것들'의 목록을 적어 보라. 사람들의 행동, 사고방식, 옷차림, 언어 생활 그리고 어울리는 사람들…아 참, 또 한 가지 중요한 건 바로 정치적 입장이다. 자, 이제 당신의 목록을 잘 살펴보라. 예수님도 그 사안들에 대한 입장이 있으셨는가? 찬성 쪽인가 반대 쪽인가? 그리스도를 따르는 자들에게 분명한 행동 기준이 있는 건 사실이지만, 그 기준에 순응하는 것이 믿음에 **이르는** 필수적인 전제 조건이라고 명하신 적이 있는가?

여기서 한 발짝만 더 나가 보자. 그 '안 되는 것들'의 목록을 오히려 상대방과 대화를 트는 시발점으로 삼아 보면 어떨까? 다른 사람의 생활에서 그 사람을 판단하거나 평가하는 바로 그 항목이 때로는 서로를 연결시키는 출발점이 될 수도 있다.

마치 내가 슈퍼마켓에서 만난 어느 아이 엄마처럼 말이다. 그 엄마는 슈퍼마켓 통로에서 오른손을 치켜들고 세 살배기 딸을 한 대 후려치려던 참이었다. 거의, 아니 완전히 이성을 잃은 상태였다. 바로 그 순간 내가 우연히 카트를 끌며 그 통로로 들어섰고, 나를 본 아이 엄마는 단순히 남이 옆에 있다는 사실만으로 다시 정신을 가다듬고 마음을 가라앉혔다.

나는 그 자리에서 바로 돌아 나가고 싶었다. 문제에 휘말리고 싶지 않았다. 어쩌면 나 자신도 어린아이 엄마로서 그렇게 폭발 직전까지 가는 경우가 종종 있기 때문인지도 몰랐다. 하지만 나는 피해 버리지 않았다. 오히려 그녀와 눈을 마주치면서 진심에서 우러나는 마음으로 "애 키우기 정말 힘들죠?" 하는 의미를 담아 어깨를 으쓱해 보였다. 그녀도 한숨을 푸욱 내쉬면서 입을 살짝 삐죽이더니 장보던 일을 계속 했다.

내 반응은 지극히 작은 몸짓으로 그저 빛을 한 번 깜빡인 것이지만, 그 아이 엄마의 어두운 순간에 한 줄기 소망을 주었으리라고 믿는다.

그렇지만! 그런 식으로 다른 사람의 실수를 눈감아 주는 건, 예수님이 그렇게도 고치시기를 바라는 잘못된 행동과 태도를 변명하면서 우리의 영적 성장을 '저해'하는 게 아니냐고 물을 수도 있다. 이것 보시라. 우리 중에 잘못을 안 저지르는 사람 없고, 유혹에서 면제된 사람 없다. 다른 사람의 불완전함을 인정한다고 해서 우리 자신의 불완전함마저 못 본 척하자는 의미는 아니다. 우리는 **나 자신**이 얼마나 성장하고 있는지, 내 약점을 **나 자신**이 어떻게 대하고 있는지 자문해 볼 필요가 있다. 때로 우리는 다른 사람들이 제대로 하지 못하는 것을 너무 걱정하느라 우리 자신의 성장을 망각할 수 있다.

자, 이제 다른 사람에게서 발견되는 '안 되는 것들'로 다시 돌아가 보자.

예수님은 죄인들과 함께 저녁 식사를 하셨다. 창녀와 도박꾼들과 어울리셨다. 병자들을 직접 만지셨고, 당시 정치적으로 우파든 좌파든 모두에게 자신을 내어주셨다. 예수님은 하나님이 지으신 사람들의 마음을 아셨고 그들을 사랑하셨다. 우리도 그렇게 할 수 있다. 우리의 빛을 가리는 '안 되는 것들'을 내려놓을 때, 우리 삶은 가장 어두운 자리에서 더욱 밝게 빛날 것이다. **나는 나와 다른 사람들을 있는 모습 그대로 받아들일 수 있고**, 그들의 행동을 '새롭게 장식하는' 일은 예수님께 맡길 수 있다.

"그러나 우리는 그리스도의 마음을 가지고 있습니다."
••• 고린도전서 2:16

9

친구가 되어 줄 수 있다

"당신이 오늘 그리스도인이 된 까닭은
과거에 누군가 당신에게 관심을 가져 주었기 때문입니다.
이제는 당신 차례입니다."

워렌 위어스비

텍사스 주의 별명은 '외로운 별'인데, 주민들은 이 별명에 대한 자부심이 대단하다. 이 별명은 밤하늘을 상징하는 푸른 바탕에 홀로 박혀 있는 샛별에서 따온 것이다. 외로운 별은 독립공화국으로서의 텍사스를 상징하며, 멕시코에서 독립하기 위해 투쟁했던 역사를 되새기게 해 준다. 이러한 독립에의 의지와는 대조적으로, 텍사스 주의 모토는 '우정'이다. 텍사스라는 이름도 카도 인디언의 부족어로 "안녕, 친구야"라는 의미에 해당하는 '테이샤'(teysha)에서 온 말이다. 내가 이런 사실을 알게 된 것은, 성장기의 초반을 캘리포니아에서 보낸 뒤 후반부는 텍사스에서 살았기 때문이다(그리고 인터넷에서 위의 사실들을 찾아보았기 때문이다). 텍사스 주민들은 당신을 만나면 당신의 허파에서 공기가 다 빠져나가도록 꽉 껴안을 것이다. 물론 그 곳의 습한 기후도 당신의 허파에서 모든 기운을 다 앗아가 버릴 테지만.

텍사스에 사시던 우리 엄마의 친구분들도 기억난다. 대학 시절 동아리 친구들이셨다. 그분들은 서로 '농장 아이들'이라고 부르곤 했는데, 그 이름에 어울리게도, 해마다 여름이면 한 친구의 농장식 집에 모여 담소를 나누며 요리법과 웃음과 눈물을 주고받곤 하셨다. 그런 게 텍사스 여자들이었다. 함께 뭉쳐 끈끈한 정을 나누는 삶. 그들은 그렇게 서로에게 **속해** 있었다.

사람과 관련해서는 텍사스의 별명이 텍사스의 모토에 묻혀 버린다. 독립은 우정에 자리를 양보한다.

소속감은 굉장히 강력한 경험이다. 우리가 문전에서 자신의 독립심을 억누르고 친구와의 관계 속으로 훌쩍 나를 내던질 때, 우리는 누군가와 관계를 맺고, 시간을 투자하며 어쩌면 친밀감으로 가는 문을 연 셈이다.

우리가 어떤 것에 소속될 때, 그 어떤 것이 우리를 변화시킨다. 우리는 모임에 소속됨으로써 그 모임의 **일원**이 된다. 어떤 파벌에 소속됨으로써 그 **일부**가 된다. 결혼을 통해 배우자에게 소속됨으로써 **남편과 아내**가 된다. 출산이나 입양을 통해 한 아이에게 소속됨으로써

부모가 된다. 그렇다. 소속감은 우리를 엄청나게 변화시킨다.

하지만 믿음이 우리를 변화시키는 것만큼 많이 변화시키지는 못한다. 믿음은 소속감보다 우리를 더 많이 변화시킨다. 믿음은 **우리가 소속되어 있기 때문에** 우리로 하여금 생각하고 선택하고 투자하게 한다. 영적인 영역에서 보면, 대체로 소속감이 믿음보다 선행한다. 사람들은 하나님과의 관계를 숙고하기 전에 먼저 우리와의 관계를 원한다. 따라서 빛을 반짝 비추는 데 우리가 고려해야 할 매우 중요한 **난 할 수 있어**라는 자세 한 가지는, 바로 **나는 친구가 되어 줄 수 있어**라는 자세다.

내가 몸담고 있는 국제 취학전아동 어머니협회(MOPS)에서는 우정이야말로 전도의 가장 큰 핵심 요소라고 본다. 제이미는 하나님과 친구가 되기 전에 그녀와 친구가 되고 싶어했던 한 여성에 대해 다음과 같은 이야기를 한 적이 있다.

작년에 한 엄마에게서 전화가 왔는데, 우리 단체가 '얼마나 영적인지'에 관해 아주 핵심을 찌르는 질문들을 하더군요. 그 엄마는 모임에 참석할 마음은 있지만, 교회나 종교나 기타 영적인 것과 관련된 것은 원치 않는다고 딱 잘라 말하더군요. MOPS 모임에 처음 참석한 날, 그녀는 모임 시간 내내 팔짱을 끼고 앉아 있었어요. 그러더니 점차 마음을 열기 시작했답니다. 심지어 교회에도 나오기 시작했고, 영적인 분위기로 진행되는 여성 관련 행사에도 참석했답니다! 이제 그녀는 아침 모임 때면 다른 아이들을 돌봐 주고 저녁 모임 때는 본인이 참석을 해요. 영적인 대화에도 마음이 훨씬 많이 열렸어요. 사람들이 MOPS 모임에 참석하고 싶어서 처음으로 건 전화를 받을 때면, 저는 늘 이 일을 떠올린답니다. 우리가 주어진 기회에 문을 열고 있으면 어떤 씨앗이 그들의 마음에 뿌려질지는 아무도 모르는 일이니까요.

소속감 뒤에 믿음이 따른다. 사람들은 우리가 사랑하는 하나님과의 관계가 가능할지 시범적인 코스로, 먼저 우리와의 우정 관계로 들어온다. 그렇다면 우리는 위험을 감수하고 이 '외로운 별들'과 친구가 되어야 하지 않을까?

개인 병원의 자료실에서 일하던 시절, 나는 아젤리아라는 아주머니를 알게 되었다. 당시 나는 열일곱 살이었고, 그녀는 오십대였다. 나는 영어를 썼고 그녀는 스페인어를 썼다. 그녀는 손자를 본 할머니였고, 나는 결혼도 하지 않은 때였다. 처음에 우리는 주로 정리하는 데 편리하도록 어떻게 각 알파벳을 색깔 별로 구분해 놓았는지, 또 휴식 시간에는 얼마나 쉴 수 있는지 등에 관해 대화했다. 그러다가 건물 밖에 있는 야외 탁자에서 참치 샌드위치와 콜라를 먹으면서 서로의 성장기와 부모님과 남자애들(그녀의 경우는 남자 어른들)에 대해, 그리고 차츰 신앙에 대해 이야기를 나누었다. 아젤리아는 가톨릭교도였다. 점심 식사를 같이 하면서 가톨릭과 장로교에서 겪은 서로 다른 경험들을 비교해 가며 많은 시간을 이야기했다. 왜 그들은 '사제를 통해서만' 예수님께 죄를 고백해야 할까? 나는 어떻게 예수님께 직접 기도할 수 있는가? 나나 그녀에게 마리아는 어떤 의미인가? 등등.

하지만 신앙에 대한 그런 차원의 대화가 있기 전에, 우리는 이미 우정 안에서 서로에게 속해 있었다. 일의 순서는 그런 것이다.

소속감은 일방 통행으로 일어나지 않는다. 믿음으로 연결되는 소속감은 상호적인 쌍방 통행이다.

샌디는 거의 6년째 내 손톱 손질을 해주고 있다. 나는 우리 집 가까이에 있는 한 미용실에서 그녀를 알게 되었다. 나는 엄마 노릇하랴 사역하랴 무척 바빴기 때문에, 손톱 손질은 최대한 미루었다 하는 형편이었다. 하지만 어느 날 내 사진을 보다가 생각을 바꾸게 되었다. 사진 속의 내 모습이라니. 대충 차려 입은 옷차림에 엉덩이까지 늘어뜨린 머리에 그럴싸한 화장. 그리고 뭉툭한 손가락들이 음료수 캔을 감싸 쥐고 있었다. 흉한 손톱들을 드디어 손질할 때가 된 것이다. 그리하여 나는 가까운 데 있는 미용실을 찾았다. 안내 직원이 나를 샌디에게 예약해 주었다.

첫 만남은 서로 표면적인 일상사들을 주고받으면서 부드럽게 끝났다. 나도 그녀도 기혼에, 둘 다 아이가 둘. 우리 아이들이 그 집 아이들보다 십 년 정도 빨랐다. 우리 남편은 집에서 떨어진 곳에 있는 기독교 교육 기관에서 일했고, 그녀의 남편은 건축업에 종사하고 있었다.

그런데 두 번째 갔을 때는 왠지 마음이 불편했다. 나는 손톱 손질에 초보였던지라, 매주 손질을 할 때마다 새로 손톱 한 세트 값을 다 지불하는 걸로 알았다. 그래서 두 번째 주가 끝나갈 즈음, 손톱 손질하러 가기 바로 직전에 손톱을 입으로 다 물어 뜯어냈다. 모조리.

지난번 대화를 계속 이어 갈 요량으로 나는 샌디 맞은편에 앉아 있었다. 그런데 그녀가 내 손을 잡는 순간, 얼굴에 조용한 분노가 일어나는 게 너무나 분명하게 보였다. 그녀는 말 한 마디도 하지 않은 채, 내 손가락에 손톱 한 세트를 다시 붙이고 칠하고 줄로 갈았다. 내가 뭘 잘못한 건지 도무지 알 수가 없었다. 샌디의 다음 손님이 와서 샌디가 내 손톱 손질을 끝낼 때까지 30분 가량을 기다린 후에야 나는 그 이유를 알게 되었다. 샌디가 한숨을 내쉬더니 점점 조급해하는 손님을 향해 내 어깨 너머로 툴툴대며 이렇게 말하는 것이었다. "너무 늦어져서 죄송해요. 손톱 한 세트를 새로 붙여야 해서 그래요. 일주일밖에 안 되었는데 말이예요!"

'이런, 괜한 짓을 한 거네.' 사태를 아주 힘들게 터득한 셈이다. 물론 나는 당황했다. 하지만 그 때를 돌아보건대, 나에게 샌디가 '필요해지면서' 샌디에게도 내가 필요해진 것이다. 그렇게 상호 관계가 시작되었다. 우정이 싹튼 것이다. 그 두 번째 주에 내가 그런 실수를 하지 않았더라면, 대화 주제에 제한이 없던 우리의 열린 우정 관계가 계속 진전되었을까? 글쎄, 모르겠다.

우리는 자녀 양육에 대해서, 결혼과 직장과 애완견에 대해서, 휴가와 섹스와 집안 청소에 대해서 이야기했다. 샌디는 서른 번째 생일이 다가올 때쯤, 속마음을 열고 자기 인생의 목적에 대해 말했다. 십대가 된 우리 아이들이 좌충우돌하며 힘든 시기를 보낼 때, 나는 예수님이 결국 그 아이들을 돌봐 주실 거라는 희망을 갖고 샌디에게 아이들 이야기를 했다.

그러나 대부분의 시간은 샌디에게 예수님에 관해서 무슨 말을 해야 할지 알 수가 없었다. 나는 그저 일상 속에서 그녀를 사랑했고, 또 그녀의 사랑을 받아들였다. 물론 샌디를 교회에 초청하기도 했고, 내 강의 때도 와서 듣게 했고, 하나님에 대한 이야기도 나누고, 그녀를 위해 기도도 했다. 하지만 이 모든 몸짓 저변에서 나는 과연 내 빛이 제대로 반짝이고 있는지 불안하고 불확실했다. 이제 샌디는 자신의 삶 속에서 예수님이 어떤 변화를 가져다주실지 의심하던 시기를 지나, 어떻게 사람들이 예수님을 모른 채 살아갈 수 있는지 의심스러워하게 되었다. 어떻게 그렇게 되었는지는 정말 나도 모르겠다. 하지만 나는 소속감이나 연대감 같은 게 결국은 믿음으로 이어진 것이라고 생각한다.

데살로니가전서 2:8에서 바울은 소속감과 믿음이 연결되는 이런 인간적인 면을 강조한다. "우리는 이처럼 여러분을 사모하여, 여러분에게 하나님의 복음을 나누어 줄 뿐만 아니라, 우리 목숨까지도 기쁘게 내줄 생각이었습니다. 그것은 여러분이 우리에게 사랑을 받는 사람이 되었기 때문입니다."

소속감은 삶의 모든 면을 함께 나눌 때 생긴다. 소속된다는 것은 독립심에 머무르려는 유혹을 기꺼이 물리치고 우정을 선택하는 것이며, 그 우정이 믿음에 영향을 끼치게 하는 것이다. 소속감은 우리를 변화시킨다. 소속감은 우리의 됨됨이와 우리의 믿는 바를 변화시킨다. **나는 친구가 되어 줄 수 있다.**

별들이 찬란하게 빛난다.…텍사스 한가운데서! 그리고 우리가 빛을 발하기로 선택한 모든 장소에서.

"우리는 이처럼 여러분을 사모하여,
여러분에게 하나님의 복음을 나누어 줄 뿐만 아니라,
우리 목숨까지도 기쁘게 내줄 생각이었습니다."
••• 데살로니가전서 2:8

10

진심을 보여 줄 수 있다

"주님, 저를 유리로 빚어 주소서.
당신의 빛이 저를 투과하여 비출 수 있도록."
캐서린 맨스필드

　잠시 다음 질문을 생각해 보라. 당신의 인생에 가장 큰 영향을 끼친 사람은 누구인가? 유명한 사람 말고, 평범한 사람 중에서 골라 보라. 당신이 개인적으로 잘 아는 사람으로 말이다. 자, 이제 한 번 더 생각해 보자. 그 사람한테 왜 그렇게 감동을 받았는가? 그가 성숙한 사람의 본보기가 되기 때문인가? 그것도 아주 완벽하게? 당신이 힘들어하는 영역에서 그들은 승리했기 때문인가?
　우리에게 감동을 주는 것은 완벽함이 아니라 진실함일 거라는 생각이 든다.
　신혼 시절에 나는 가까이 살던 한 부부에게서 눈길을 떼지 않았다.

이혼한 가정에서 자란 탓에 나는 결혼 생활에 대해서는 전혀 감이 없었다. 하지만 밥과 린다 부부를 지켜보면서, 우리의 결혼 생활에 대한 지도를 그릴 수 있었다. 그들은 웃음도 집안일도 함께 나누었다. 서로 안아 주고 키스하고 그 이상도 했다. 물론 때로는 말다툼도 했다. 그들은 아픔도 슬픔도 숨기지 않았고, 기꺼이 상처받을 각오로 고스란히 자신을 내어주는 과정을 통해 내게 결혼이란 믿을 만한 것임을 보여 주었다.

전도와 연관지어 보자면 상대방과 개인적으로 친밀함을 쌓는 일이야말로 그 사람을 그리스도께로 인도하는 과정에 꼭 필요한 일이라고 믿는다. 가짜를 좇고 싶은 사람이 어디 있겠는가? 상처받기 쉬운 만큼 믿기도 쉬워지고, 그리스도를 따르는 상처받기 쉬운 존재들이 믿음으로 삶을 살아낼 때, 그 믿음은 믿을 만한 것이 된다. **나는 진심을 보여 줄 수 있다.**

상처받을 각오를 하는 것(vulnerability) 즉, 진심을 보이는 것이란 가장 단순하게 말하자면, 상처받을 각오로 마음을 여는 것이다. 위험스런 현실을 끌어안는 것이다. 예수님은 상처받기 쉬운 삶의 본을 첨예하고 솔직하게, 지속적으로 보이셨다. 고향 나사렛을 방문할 때, 예수님은 자신의 하나님됨으로 사람들의 환심을 사려 하지 않으셨다. 다만 진리를 말씀하셨을 뿐이다. 우리 죄 때문에 십자가에 달려 하나님 아버지로부터 버림받을 때도, 상처받지 않은 척하지 않으셨다. 예수님은 죄 없는 분이시지만, 인간과 똑같이 유혹 때문에 갈등하셨다. 하나님은 스스로 상처받기 쉬운 존재가 되심으로써, 믿을 만한 분이 되신 것이다.

예수님과 관계를 맺은 우리는 더 이상 과거의 가치 체계를 따라 과거의 방식대로만 살 수는 없지만, 그렇다고 해서 인간적인 삶마저 멀리할 필요는 없다. 재미있는 것은, 대화 중에 내 신앙이 주제로 불쑥 튀어나오면 갑자기 대화에 뭔가가 한 꺼풀 씌워진다는 것이다. 어떤 상황에서는, 사람들 얼굴에 두려운 표정이 스치면서, 대화 중에 '실수한 장면'이 있는지 속으로 열심히 찾아보는 듯하다. 아직 하나님을 모르는 그들과 나 사이에 장애물이 가로막히면서, 나를 경건한 사람들이 자리를 지키고 있는 완벽의 경지에 올려놓거나 아니면 이상한 '신자들'만 있는 외딴 섬으로 추방시킨 느낌이 든다.

여기서 나는 선택의 기로에 선다. 편안히 나의 세계에 안주하며, 죄와 싸우는 내 모습을 남들이 못 보게 숨길 수도 있다. '그래, 예수님은 모든 걸 새롭게 하시잖아. 맞아, 맞아!' 하면서. 또는 사람들이 나를 거부하는 분위기에 움찔해서, 꼬리를 내리고 줄행랑을 칠 수도 있다. 그리스도의 고난에 참예한다고 생각하면서.

또는 위험을 감수할 수도 있다. **나는 진심을 보여 줄 수 있다.**

그건 어떤 모습일까? 자, 가장 반짝거리는 것은 무엇일까? 좀더 환하게 보이는 좀더 많은 빛은 어디 있을까?

우리 가족은 많은 일을 겪었다. 어려움도 많았고 기쁜 일도 많았다. 예측 가능한 일도 많았고, 예측 불가능한 일도 많았다. 남편은 암에서 살아났다. 친정 부모님과 시부모님의 임종도 맛보았다. 아이들이 내린 결정으로 마음이 쓰라렸던 적도 있다. 이런 인생의 험난한 고비를 넘으면서 발견한 사실이 있다. 사람들이 우리를 지켜보고 있다는 사실이다. 이미 예수님을 믿는 사람이든 예수님을 알아가는 중에 있는 사람이든 **모두** 지켜보고 있다. 내가 직면한 문제들에 **박수갈채를 보내는** 사람은 없지만, 내가 그 일들을 어떻게 대하는지는 모두 예의주시하는 것 같다.

"어머! 저기 하나님은 믿지만 모든 걸 다 갖지는 못한 여자가 있네! 오케이! 저 여자를 보면서 나도 내 인생을 어떻게 꾸려 갈지를 좀 가늠해 봐야겠는 걸!" 그들은 내가 얼마나 완벽하게 상황을 요리하는지를 보는 게 아니라, 어떻게 겨우겨우 헤쳐나가는지를 본다. 이렇게 다 드러내 놓고 살았기 때문에 샌디와 내가 좌충우돌했던 초기의 우정 관계도 극복이 된 거라고 생각한다.

여기서 잠시만 쉬어 가자. 그렇다고 내가 나를 지켜보는 사람들 앞에서, 상처받기 쉬운 마음 그대로, 늘 나를 열고 산 건 아니다. 나도 늘 진심을 내보였던 건 아니다. 초기에는 나도 남 보기에 그럴싸하게 보이려고 갖은 애를 다 썼다. 속에서야 무슨 일이 일어나건 상관없이 말이다. 하나님을 믿는 사람은 인생이 다 잘 된다, 나쁜 일은 생기지 않는다는 거짓말을 믿었다. 그래서 나쁜 일이 생기면, 마치 내 잘못처럼 느껴져서 하나님의 명성을 보호해야 한다고 생각했다. 나는 잘못 했지만, 하나님은 좋은 분으로 보이게 하려고 말이다.

그러던 어느 날, 나와 알고 지내던 지인이 나에게 이렇게 따져 물었다. "엘리사. 당신은 왜 그렇게 진심을 보이지 않으세요? 항상 너무 완벽해 보여요! 그 높은 데서 내려와 우리처럼 일도 망치고 그래 보세요."

그 일이 있고 나서 나는 고통스런 자기 점검을 했다. 그리고 그녀의 그 퉁명스럽고 받아들이기 힘든 말이 정확했음을 알았다. 내가 어떤 사람인지를 진심으로 제대로 보지 못함을 깨닫기 시작했다. 나는 과거에 배운 교훈을 나누는 데는 망설임이 없었지만, 현재 진행되고 있는 문제들은 속에 감춘 채 나누기를 망설였던 것이다. 나는 완벽해야 한다고 생각했지만 사실 완벽하지도 않았고, 하나님도 지금의 나를 좀더 훈련시켜 장차 그분을 좀더 닮은 모습이 되길 원하신다. ("성찰하지 않는 삶은 살 가치가 없다"고 말한 소크라테스에게 감사를!)

사람들은 과정중에 있는 하나님의 역사를 보아야 하는데, 그게 바로 나다.

진심을 보인다는 것은 기독교의 결과만이 아니라 **과정**을 본으로 보인다는 말이다. 우리가 결과만을 본으로 보인다면, 예수님이 하시는 일의 결과만을 보여 준다면, 우리는 이야기를 절반만 한 셈이고 우리를 지켜보는 사람들도 혼란스러워진다. 우리가 영성의 큰 걸음만 보여 주면, 사람들은 결국 좌절하게 된다. 자신이 어떤 모습이어야 할지는 아는데, 어떻게 거기까지 도달하는지를 모르기 때문이다.

하지만 우리가 믿음 생활의 과정을 본 보이는 걸 목적으로 삼으면, 우리는 예수님처럼 되어 가는 과정중에 있다는 것을 말과 행동과 태도로써 보여 주게 된다. 과정을 본으로 보일 때, 관망하던 사람들도 용기를 얻어 이 대열에 뛰어들어 우리와 함께 걸어간다. 절대 따라잡을 수 없는 사람을 뒤쫓느라 헐떡거리는 게 아니라, **어떻게** 내려놓고 **어떻게** 포기하고 **어떻게** 넘어졌다가 일어나 다시 시작하는지를 보면서 차근차근 배우는 것이다. 더 나아가서 결과가 아니라 과정을 본 보임으로써 우리 안에서 일하시는 하나님의 역사를 드러내고, 마치 우리가 그 일을 한 것처럼 보이려는 유혹을 조금씩 떨쳐내게 된다.

고린도후서 4:7에서 바울은 하나님의 사람들의 특징을 하나님의 복음이라는 보물을 담은 질그릇으로 표현한다. 보물을 흙으로 만든 그릇에 보관하던 신약 시대의 관습에 비유해서 그는 이렇게 쓰고 있다. "우리는 이 보물을 질그릇에 간직하고 있습니다. 이 엄청난 능력은 하나님에게서 나는 것이지, 우리에게서 나는 것이 아닙니다."

우리가 다른 이들에게 알려 주고 싶은 것도 바로 그것 아닌가? 능력은 우리에게서가 아니라 하나님에게서 난다는 사실 말이다. 우리가 비추는 빛도 그 근원은 하나님이라는 사실 말이다. 반짝반짝 빛나는 빛이 우리에게서 나온 것도, 우리에 관한 것도 아니기 때문에, 그들 또한 그들의 삶 가운데 이와 동일한 소망을 가질 수 있다는 사실 말이다.

하나님은 우리를 빛을 투과하는 별들로 부르셨다. 어떻게 우리가 하나님과 관계 맺음으로써 하나님을 통해 변화되었는지, 그 진행되는 과정을 투명하게 나누도록 부르셨다. **나는 진심을 보일 수 있다**.

상처받을 각오를 한다는 것이란, 손에 선연히 못자국이 난 채로 부활한 인생을 사는 것이다.

"우리는 이 보물을 질그릇에 간직하고 있습니다.
이 엄청난 능력은 하나님에게서 나는 것이지,
우리에게서 나는 것이 아닙니다."
••• 고린도후서 4:7

11

자녀에게도 예수님을 전할 수 있다

"어린아이는 반짝이는 별을 보면 조막만한 손을 뻗어 별을 따고 싶어한다.
별을 갖고 싶은 마음이야말로 아이만이 가질 수 있는 아름다운 특징이다."

카운테스 드 가스페린

그 날 아침은 유난히 바빴다. 세탁소로, 도서관으로, 그 다음엔 미용실에 가 머리를 자르고, 마침내 슈퍼마켓까지 들렀다. 당시 초등학교 저학년이었던 아들 에단과 나는 차고에 주차를 하고 차에서 물건들을 나르기 시작했다. 나는 시장 본 물건들을, 에단은 한아름되는 장난감을 날랐다. 볼일 보러 나갈 때는 에단이 집중할 수 있는 놀이가 있는 게 편하다는 걸 서로 터득하고 있던 터라, 에단이 '지루해질 경우에 대비해서' 장난감을 한아름 가져가곤 했다.

그런데 "엄마! 제 망원경이 안 보여요!" 하는 에단의 놀란 목소리가 거실과 부엌 사이의 낮은 벽을 타고 들려왔다.

이런! 한두 군데를 들렀어야 말이지. 자동차로 가게로 얼마나 들락 날락했던가. 어쩌면 애초에 망원경을 집에서 안 가져갔을지도 모른다 싶었다. 에단은 망원경을 분명 배낭에 넣었고, 어디선가 분명히 갖고 놀았다고 제법 힘주어 말했지만, 그래도 혹시 모르는 법. 우리는 각자 집안을 샅샅이 뒤졌다. 나는 침대와 소파 밑과 옷장 속을 뒤지고, 에단은 자기 방을 뒤지다가 둘 다 빈손으로 계단에서 마주쳤다. 있을 만한 곳은 다 찾아본지라, 찡그리고 서 있는 아이를 보자 걱정이 되었다. "에단, 웬만한 곳은 다 찾아보았어! 아무래도 잃어버린 것 같구나." 나는 아이를 위로해 주려고 팔을 뻗었다.

에단은 내 얼굴을 유심히 살피더니 이렇게 말했다. "엄마, 망원경이 어디 있는지 우리는 모르지만, 예수님은 아시잖아요. 예수님한테 한번 물어 보면 어떨까요?"

와아, 놀랍군. 나는 아이들이 하나님을 현실감 있게 느낄 수 있도록 날마다 달마다 해마다, 이렇게 저렇게 시도해 보곤 했었다. 그리고 이 부분에 관한 한 대체로 실패했다고 느끼고 있었다. 그런데 그 좋아하는 망원경을 찾다찾다 못 찾은 에단이, 자기가 모르는 걸 예수님은 아실 거고 자기가 할 수 없는 일을 예수님은 하실 수 있다고 자신있게 말하고 있지 않은가.

에단 말이 맞다. 예수님은 아신다. 그 날 아침 우리와 내내 함께 계시지 않았던가. 우리가 들락날락할 때 예수님은 함께 계셨다. 자동차를 오르내릴 때도 우리와 함께 계셨다. 그분은 우리 길을 아신다. 그분은 우리의 '들고남과 자고 깸'을 아신다. 물론 그 망원경이 어디 있는지도 아신다. 지금도 그걸 보고 계시겠지.

우리 집 계단에서 나는 아들의 인도를 따라 머리를 숙이고 기도드렸다. 에단의 망원경이 어디 있는지 예수님은 아실 거라고 인정해 드리면서, 그것을 보여 달라고 기도했다. 그런 다음 다시 자동차를 타고 차고를 빠져 나와 아침에 볼일 보러 다니던 길을 재추적해 갔다. 세탁소도 가 보고 도서관도 가 보고, 다음으로 미용실에 갔더니 직원이 반색을 하며 아주 낯익은 망원경을 들어 보였다. "이거 찾으러 오셨죠?"라고 하면서. "의자 밑에 있더라구요. 에단이 갖고 놀 때 봤거든요. 다시 오실 줄 알았어요."

에단은 망원경을 받아 품에 안고는 내게 윙크했다. "맞아요. 그게 어디 있는지 우리는 **정확히** 몰랐지만, 그걸 알고 계신 어떤 분이 가르쳐 주시리라 생각했죠!"

가슴이 훈훈해지는 이야기가 아닌가? 어린아이의 단순한 믿음. 그러면서 그 순간 나는 전도와 관련한 또 한 가지의 '난 할 수 있어' 항목을 깨닫게 되었다. **나는 내 자녀에게도 내가 믿는 예수님을 전할 수 있다.**

아이들은 어떻게 예수님을 믿게 되는지 등 아이들의 믿음과 관련된 여러 가지 질문을 생각하면 우리는 그 무게에 눌려 기가 죽곤 한다. 아이들은 어떻게 예수님을 믿게 될까? 아이들이 믿음을 가질 수 있는 시기는 언제인가?

당연한 말이지만, 신앙은 어린아이에게도 가능하다. 예수님은 누가복음 18:16에서 이렇게 말씀하셨다. "어린이들이 내게로 오는 것을 허락하고, 막지 말아라. 하나님의 나라는 이런 사람의 것이다." 망원경을 찾을 때의 에단처럼, 어쨌든 아이들은 예수님을 인식한다. 그들도 빛을 깨닫고 그 빛에 끌린다.

우리 아이들은 이제 성인이 되었다. 청년이라는 말이 더 정확하겠지만, 어쨌든 성인은 성인이다. 똑같은 가정에 똑같은 부모 밑에서 기본적으로 똑같은 영적 가르침을 받으며 자랐는데도(매일 밤마다 예수님을 묵상하는 시간 갖기, 찬송 부르기, 예수님에 관해 많은 대화 나누기), 두 아이가 하나님께 나아가는 여정은 각자 다르고, 엄마나 아빠의 경우와도 다르다.

에바는 다섯 살 때, 에단은 세 살 때, 예수님을 영접하는 기도를 했다. 크리스마스가 다가오던 때였다. 그 때 나는 교회의 어린이 집회에서 "선물로 오신 예수님"에 대해 설교했고, 집으로 돌아오는 길에 남편과 나는 아이들과 한 명씩 따로 대화를 하면서, 이 선물되신 예수님을 영접하겠느냐고 물어 보았다. 우리는 아이들을 '조종해서' 천국으로 인도하고 싶지는 않았지만, 그렇다고 준비된 기회를 놓치고 싶지도 않았다. 과연 아이들이 준비가 된 걸까? 둘 다 준비가 되어 있었다.

두 아이 다 고개를 숙이고 우리와 함께 영접 기도를 했다.

그 후로도 계속 우리는 예수님과의 시간을 가졌고, 같이 기도했고, 일상 생활 속에서 그리고 주일학교를 통해 하나님에 대해 알아갔다. 아이들이 좀더 성장하자, 청소년 모임이 상당한 비중을 차지하게 되었다. 그 모임에서 친구도 사귀고, 본이 될 만한 청소년 리더들도 접하고, 가난한 나라로 떠나는 단기 선교 여행에도 참여했다.

십대가 되자 우리 아이들은 둘 다 하나님에 대해 의문을 품었다. 언젠가 에바는 자기가 배우고 자란 생활 방식에 반항하기도 했지만, 지금은 그렇게 하나님을 떠났던 시절에도 하나님의 임재를 느꼈었다고 한다. 하나님께 다시 돌아온 에바는 자기 인생을 다시 헌신했고, 요즘은 예수님과 지속적인 관계를 누리고 있다.

에단은 하나님을 좀더 오래 붙들고 있더니, 차차 철학적인 근거 위에서 하나님에 대해 의문을 갖기 시작했다. 그 애는 지금도 진리를 향한 여정중에 있다. 탐색하고 방황하고 또 때로는 하나님이 필요하다는 사실을 거부하면서 말이다.

우리 아이들이 그렇게 영적인 여정 가운데 좌충우돌할 때, 나는 이런 의문이 들었다. '그 애들이 어린 시절에 그리스도께 헌신했던 건 정말이었을까? 과연 진심이었을까? 그 의미를 이해나 했던 걸까?' 에단의 망원경 사건을 돌이켜볼 때, 또는 그 애가 여섯 살 때 샤워를 마치고 옷 하나도 안 걸치고 뛰어나오면서 "예수 그리스도는 우리 죄를 위해 십자가에서 돌아가신 하나님의 아들이십니다!"라고 외치던 순간을 돌이켜볼 때, 또는 에바가 다섯 살 때 제자들이 모든 것을 버려두고 예수님을 좇았다는 대목을 곧이곧대로 받아들이던 순간을 돌이켜볼 때, 내 마음에서는 확신이 솟아오른다.

아이들이 예수님께 나아오는 것도 우리와 마찬가지로 일종의 과정이다. 세 살 때든 다섯 살 때든, 열여섯 살 때든 스물한 살 때든, 우리와 마찬가지로 아이들도 자신을 아는 모든 지식을 예수를 아는 모든 지식에 내어드릴 수 있다. 그리고 아이들이 그리스도께 나아가는 과정도 인간의 발달 과정을 따라 꾸준히 진행된다. 더 많이 깨달을수록 더 많이 굴복하면서, 작은 불꽃들이 진정한 빛이 되는 것이다.

엄마, 아빠 또는 교사나 목사로 아이들을 돌보는 책임자로서 우리의 몫은 그들에게 선한 영향력을 끼치는 것이고, 하나님의 몫은 자신을 그들에게 드러내시는 것이며, 아이들의 몫은 스스로 믿음을 찾는 것이다. 그렇다면 우리는 어떻게 그 역할을 해낼 수 있겠는가? 당신의 자녀에게 계속 빛을 비출 수 있는 몇 가지 방법을 제안해 보겠다.

- **'예수님과의 시간'을 규칙적으로 가지라**. 우리 경우는 저녁 식사 후나 잠자리에 들기 전이었다. 우리가 사용한 자료는 묵상용 책, 어린이 성경, 찬양 그리고 손가락인형 놀이 등이었다. 하나님에 대해 이야기하는 시간도 간단히 가지되, 아이들에게 미리 알려

주라. 아이들은 성장할수록 토론을 기대한다. 마음속에서 질문이 마구 솟구칠 것이다. 기도가 습관이 될 것이다.

- **아이들 각자의 성경책을 마련하라.** 어린 꼬마와 함께 성경을 읽고, 들고 다니고, 간직할 수 있다는 것은 매우 특별하고 거룩하기까지 한 특권이다. 아이의 독서 수준에 맞는 성경책을 한 권씩 읽어 간다. 우리 딸은 십대용 해설 성경을 십대가 지난 지금까지도 유난히 아낀다. 주로 그 친숙한 '느낌'과 엄청 많은 그림, 각주 그리고 여기저기 꽂혀 있는 책갈피 때문이다.

- **가족 같은 교우를 찾으라.** 우리 아이들은 초등학교 시절 내내 데비 선생님에게서 신앙을 배웠다. 주일마다 선생님의 따스한 포옹과 밝은 표정을 손꼽아 기다리곤 했다. 그 시절이 지나자, 청소년 모임의 리더들이 우리 아이들의 삶에 시간을 투자했다. 우리 아이들이 침대에서 겨우 일어나 그 먼 길을 달려 교회를 갈 것이냐 말 것이냐를 결정하는 데 리더들이 중요한 영향을 끼쳤다.

- **바른 시각을 견지하기 위해 기록하는 습관을 가지라.** 우리는 어른이기에 하나님이 우리 아이들의 삶 속에서 행하시는 일을 제대로 볼 수 있고, 아이들보다 기억도 더 잘 한다. 내가 지금 에단의 망원경 이야기를 할 수 있었던 것도, 오래 전에 그 일을 기록해 두었기 때문이다. 그렇게 하지 않는다면 오랜 시간이 지난 후 어떻게 그것을 활용할 수 있겠는가?

- **함께 봉사할 기회를 만들라.** 아이들이 다른 사람의 필요를 깨달을 때, 예수님이 자신들의 필요를 어떻게 채우시는지도 더 잘 이해하게 된다. 크리스마스 때 불우 이웃을 돕기 위해 옷가지를 챙기는 일이든, 아니면 가난한 나라에 사는 아이들에게 선물을 보내는 일이든, 아이들에게 남을 도울 기회를 줌으로써 깊은 인상을 심어 줄 수 있다. 에단은 크리스마스 때 불우한 아이들에게 신발을 나눠 주는 일에 참여하고 나더니, 크리스마스 때면 선물에 욕심내던 버릇을 고치겠다고 맹세했다. "엄마, 저 이제 새 신발 필요 없어요. 이 아이들은 아예 신발이 없잖아요"라고 시무룩하게 말하면서.

- **각종 기독교 절기들을 의미있게 보내라.** 세상 사람들은 원래는 기독교의 절기인 날들을 자기 식대로 즐긴다. 나도 그걸 충분히 누린다. 정말 재미있다. 하지만 그런 기념일이 왜 있는지 저변에 흐르는 의미를 모른다면, 밤낮으로 노는 것은 스쳐 가는 재미일 뿐이다. 예를 들어 성탄 절기에는 예수님의 말구유 탄생 장면을 꾸미고 예수님의 생일을 축하하면서, 하나님이 그 아들 예수님을 선물로 보내 주셨다는 점을 음미한다. 산타도 사실은 동방박사들이 예수님께 드린 선물을 기념하기 위해서, 니콜라스라는 그리스도인이 시작한 행사에서 유래한다는 걸 설명해 주라. 부활절에 나눠 주는 계란의 의미도, 죽은 자 가운데서 살아나사 새 생

명을 주시는 그리스도의 삶과 연결해서 설명해 주라.

때로는 아이들도 예수님께 드린 진심어린 헌신을 통해, 작은 불빛 같은 신앙 체험을 시작하는 경우가 있다. 우리는 그들에게 영향을 끼치는 어른으로서, 아이들이 집으로 돌아오는 길을 비추어 줄 수 있다. **내가 믿는 예수님을 내 자녀에게도 전할 수 있다.** 아이들이 성장함에 따라 자신에 대한 지식을 예수님에 대한 지식으로 점점 더 많이 바꿔 나가야 한다.

성탄절마다 나는 예수님의 말구유 탄생 장면을 우리 집 어딘가에 장식한다. 벽난로 위 선반에도 놓았다가 피아노 위, 현관 앞 탁자 등 장소는 때마다 바뀌었다. 그 때의 내 기분이나 전체적인 장식 분위기에 따라 장식물을 놓는 장소는 달라진다. 하지만 항상 어딘가에 그 장면을 진열해 놓았다. 어떤 때는 우리 아이들도 참여해 인형들을 아기 예수 주변에 '알맞게' 놓기도 했다. 어떤 때는 내 맘이 끌리는 대로 혼자서 진열하기도 했다. 아이들의 부재나 무관심을 가슴 아파하면서.

말구유 꼭대기에는 별이 있다. 늘 변함이 없다. 밝고 환한 길잡이 별. 집으로 가는 길을 비춰 주는 별. 나는 종종 이렇게 말하곤 한다. "너희들 혹시 길을 잃으면, 별만 따라 가렴. 별은 집으로 가는 길을 밝혀 준단다."

에단이 망원경을 잃어버렸던 때를 돌이켜보면, 그 때 그 아이는 제 망원경이 어디 있는지 예수님은 알고 계신다는 걸 분명히 확신했다. 이제 내 아들딸이 하나님께로 돌아오는 여정에서, 그 애들이 어디 있는지 예수님은 알고 계신다는 진리를 의지한다. 그 애들은 예수님의 시야 안에 있다.…집으로 돌아오는 작은 불빛들.

"어린이들이 내게로 오는 것을 허락하고, 막지 말아라.
하나님의 나라는 이런 사람의 것이다."
••• 누가복음 18:16

12

사소한 일상 속에서도
소망을 불어넣을 수 있다

"이 아름다운 순간이여.
우리 손 안에서 별처럼 밝게 빛나고 눈꽃처럼 사르르 녹아드는."
리사 킹

"넌 왜 그 십자가를 목에 걸고 다니니?" 에단이 여섯 살 때, 유치원 친구 브라이언이 에단에게 물었다. 에단은 브라이언을 바라보며 이렇게 대답했다. "으응, 난 기독교인이거든. 그리고 예수님은 십자가에 달려 돌아가셨다가 다시 부활하셨거든."

에단이 저녁을 먹으면서 그 이야기를 꺼냈을 때, 여기까지 들은 나는 '그런 대로 괜찮았군'이라고 생각하며, 아이에게 물었다. "그랬더니 브라이언이 뭐라고 대꾸하든?"

"걔가 그러는데요. 예수님 얘기는 틀린 거래요. 그래서 내가 **진짜** 정말이라고 그랬어요." 이야기는 그렇게 한참 계속되었다. 스파게티를 우물거리며 우유를 들이키며, 그렇게 에단은 브라이언의 질문과 자기의 신앙을 변호한 이야기를 했다. 작은 어둠 앞에서 작은 빛이 반짝거린 것이다.

인생은 이런 순간들로 가득하다. 하루하루 획 지나가는 유성처럼, 놓치기 쉬운 순간들. 브라이언처럼 말이다. 그 애는 우리 아들의 친구로 그저 어린애에 불과했고, 알게 된 지도 한 학기 정도밖에 안 되었다. 그런데 에단의 삶 속에 들어왔고 따라서 한 시절 우리 가족의 삶 속에 들어오게 되었으며, 우리 삶 속에 있는 빛이 그 아이의 삶을 살짝 스치게 되었다. 그 애가 그걸 감지했을지는 나도 모르겠다. 하지만 어쨌든 그렇게 우리 삶 속에 들어왔다. 그리고 질문을 던졌다. 그리하여 그 응답으로 우리는 빛을 깜빡거렸다. 왜냐하면 우리가 할 수 있는 일은 바로 빛을 '깜빡거리는 것'이기 때문이다. **난 사소한 일상 속에 소망을 불어넣을 수 있다.**

그런가 하면 내가 다니는 세탁소에서 일하는 마이크와 대화를 주고받았던 경우도 있다. 빨랫감을 한아름 안은 채 마이크와 눈이 마주친 나는, 평소 그의 환하던 눈빛이 왠지 근심으로 어둡다는 걸 발견했다. "무슨 일 있어요, 마이크?" 빨랫감을 내려놓으며 내가 물었다.

"쓰나미 말이예요. 모건 부인은 쓰나미에 대해 어떻게 생각하세요? 전 돌아버릴 것만 같아요."

나는 물빨래 할 옷과 드라이클리닝 할 옷을 분류하면서, 어떻게 대답해야 할지 잠시 생각했다. 나는 가끔 마이크가 영적으로 어떤 부류의 사람인지 궁금한 적이 있었다. 나는 그가 아시아계지만, 좀더 구체적으로 어느 나라에서 몇 세대 전에 미국으로 건너왔는지는 몰랐다. 그의 가게에만 들어서면, 날씨가 좋든 궂든, 이른 시간이든 늦은 시간이든, 손님이 붐비든 한산하든, 그의 태도에는 늘 뭔가 **특별한 느낌**이 있었다. 내 신용카드를 돌려 줄 때는 항상 두 손으로, 가볍게 목례하며 돌려 주었다. 그의 전 존재가 기쁨을 발산하는 듯했는데, 그 근원이 무엇인지 정확히 알 수가 없었다.

마이크의 질문에 대해서는 가능한 한 가장 광범위한 대답, 즉 되돌려 질문하기를 택했다. "글쎄요, 마이크, **당신은** 쓰나미에 대해서 어떻게 생각하는데요? 왜 그렇게 돌아버릴 것 같은데요?"

"음, 제 생각에는 요즘이 성경에서 말하는 말세가 아닌가 싶어요!"

'이제 내가 그에게 꽉 잡혔다. 아니, 그가 나에게 꽉 잡힌 건가? 이 상황을 어떻게 보느냐에 따라 다르겠지.' 내가 물었다. "마이크, 왜 그렇게 생각하는데요?"

그가 대답했다. "꼭 요한계시록에 나오는 거 같잖아요!" 그는 확실하게 못박아 두어야겠다는 듯 눈썹을 치켜올리며 말했다.

"마이크⋯기독교인이세요?" 이렇게 정공법을 쓰는 경우는 극히 드문데, 이번이 그 중 하나였다.

"그렇습니다. 모건 부인." 그가 열정적으로 대답했다.

"저도예요, 마이크. 저는 쓰나미에 대해서 이렇게 생각해요. 우리가 예수님을 믿는다면, 이런 참사나 앞으로 닥칠 수많은 어려움 속에서도 예수님을 신뢰하기를 주님은 바라실 거예요. 하나님을 알면, 이 시대가 하나님 손 안에 있다는 것도 알게 되잖아요."

마이크는 빙그레 웃다가 한숨을 푸욱 내쉬더니 내 신용카드를 돌려 주었다. 살짝 고개를 숙여 인사하면서. "맞아요, 모건 부인. 교회에서도 그렇게들 말씀하시겠지요. 그냥 다시 한 번 그 점을 되새겨야 할 것 같아서요." 우리도 다 그렇지 않은가?

그 날 세탁소를 나오면서, 우리가 '매일의' 사소한 일상 속에서 반짝거리는 것이 얼마나 중요한지를 새삼 깨달았다. 믿는 사람들 앞에서나 믿음을 향해 가고 있는 사람들 앞에서나 말이다.

사람들은 늘 우리 삶을 들락날락한다. 가족을 통해서든, 직장을 통해서든, 공원에서의 즉흥적인 만남을 통해서든 간에. 그런 순간 우리는 마치 유성과 같은 존재가 된다. 그들의 삶 속에 휘익 하며 한 줄기 빛을 긋고 지나가는 것이다. '저게 뭐지?'라고 느낄 뿐, 대부분은 그런 상호 작용에 대해 별로 생각도 안 한다. 십 년 전에 꼬마 브라이언에게 그러했듯이, 우리 삶 속의 빛이 그들 삶 속의 어두움에 과연 어떤 영향력을 끼쳤을지 우리는 모른다. 오랜 세월이 지난 뒤에 정말로 영향력을 끼쳤음을 알게 되는 경우가 있지만, 그것도 극히 드물다. '나를 하나님과 처음으로 연결시켜 준 사람이 바로 당신이었답니다.…그 때 기억나세요?'라는 말을 듣게 되는 경우. 하지만 대부분은 생각지 못한 순간에 일어난다. 계산대에서 누군가와 어깨를 부딪치거나, 비행기에서 옆자리에 앉거나, 내 아이와 친한 아이의 부모이거나, 같은 해에 걸스카웃의 도우미로 함께 활동하게 되거나 하는 순간들 말이다. 그 때 우리가 반짝 비춘 빛이 그들의 어두움을 과연 변화시켰는지 여부는 모른다.

우리는 사소해 보이는 순간에 반짝이는 것이 얼마나 중요한지를 간과하기 쉽다. 인생에서 정말 큰일이 생겼을 때—위기라든지, 가족관계에 문제가 있다든지, 결혼하고 싶은 남자 친구가 아직 신앙이 없을 때—또는 우리가 일상 속에서 의도적으로 선택한 사람들에게 쏟는 노력만을 가치 있게 여기기 쉽다.

별다른 의도 없이 반짝 비추는 빛의 가치도 간과하기 쉽다. 이것은 우리의 대화와 상호 작용 속에서 '빛이 드러나게 하는 것' 그리고 주고받는 대화에서 하나님을 제외하지 않는 것을 의미한다. 물론 불신자가 당연히 이해할 수 없는 '기독교에서만 통하는' 대화는 피하는 게 현명하지만, 그렇다고 우리 신앙을 굳이 **숨길** 필요도 없다. 신앙의 빛이 드러나게 하라!

디모데후서 4:2은 우리를 이렇게 독려한다. "그대는 말씀을 선포하십시오. 기회가 좋든지 나쁘든지, 꾸준하게 힘쓰십시오. 끝까지 참고 가르치면서, 책망하고 경계하고 권면하십시오." 정말 강력한 말씀이다. 하루 24시간, 휴일도 없이 '말씀을 선포'한다는 게 쉬운 일은 아니다. 하지만 바울이 디모데와 우리에게 말하고자 한 것은, 어떤 상황에서든 **꼭 필요한 말을 할 수 있는** 준비를 갖추라는 말임을 알면 마음이 편해질 것이다. 이 말은 그 순간이 사소하든 중요하든, 상황이 명확하든 불명확하든, 우리가 선택한 사람이든 우리를 위해 선택된 사람이든, 우리는 반짝반짝 비추어야 한다는 것이다. 이 일은 그러기로 작정만 하면 할 수 있는 일이다.

지금 나는 유성이 되는 것에 관해 말하고 있지만, 각도를 조금 달리해 보고자 한다. 물론, 우리는 사소한 순간에도 반짝거릴 수 있다. 다른 사람의 어두움 속에 우리의 온화한 빛을 나누어 줄 수 있다. 그런 반짝거림이라도 큰 변화를 가져올 수 있다. 하지만 우리는 또한 유성처럼 좀더 직접적인 질문을 통해 흑백을 가리는 대답을 끌어낼 수도 있다.

한때 나는 동네에서 성경 공부를 인도하고 있었는데, 당시 우리 옆 구역에 살고 있던 레베카라는 친구가 내게 다가오더니 상당히 구체적인 질문들을 했다. "성경을 어디부터 읽으면 좋을까요? 성경을 한 번도 읽어 본 적이 없거든요" 같은 질문들이었다. 그렇게 몇 개월이 지난 후, 우리의 대화는 정곡을 찌르는 질문으로 발전해 갔다. "제가 취해야 할 다음 단계는 뭐라고 생각하세요? 당신이 말하는 그 예수님이 아직 제 삶 속에는 들어오시지 않은 것 같아요."

나는 그녀와 함께 우리 집 거실에 앉았다. 그리고 자신에게 예수님이 필요하다는 사실을 인정하고 예수님이 그녀의 삶 속에 영원히 들어오셔서 자신의 삶을 인도하고 책임지시도록 초청하는 기도를 할 수 있노라고 설명했다. 그녀는 열렬히 그러겠다고 했다. 우리는 함께 머리를 숙여 기도했다.

나는 레베카와 그런 기도를 하게 될 사람은 나말고 다른 사람일 거라고 늘 생각했었다. 나는 그저 성경을 가르칠 뿐, 마무리는 다른 사람의 몫이라고 생각했다. 하지만 그 순간에 빛을 발해야 할 사람은 나라는 것이 분명했다. 그렇게 명확한 순간이 다시는 오지 않을지도 모를 일이었다. 에단의 친구 브라이언처럼. 세탁소의 마이크처럼.

난 사소한 일상 속에 소망을 불어넣을 수 있다. 내가 불어넣는 소망이 때로는 눈에 잘 띄지도 않는 반짝거림일 수도 있다. 또 어떤 순간에는 유성처럼 직접적일 수도 있다. 마치 대화의 과녁을 정통으로 맞춘 화살처럼.

"그대는 말씀을 선포하십시오.
기회가 좋든지 나쁘든지, 꾸준하게 힘쓰십시오.
끝까지 참고 가르치면서, 책망하고 경계하고 권면하십시오."
••• 디모데후서 4:2

13
다른 사람과 협력할 수 있다

"하늘에 떠 있는 별들 중 절반 이상이 우주 안에 최소한 동무 하나는 있다.
그렇게 보면 외로운 별 우리의 태양은 소외된 소수이다."

데이비드 레비

     빛을 비추는 이 과업 중에 때로 외로움을 느끼지는 않는가? 그렇다면 뭔가 조치를 취해야 한다. 다른 사람과 협력하라. 굳이 홀로 빛을 비춰야 하는 건 아니다. **다른 사람과 협력할 수 있다.**

     내 남편과 테니스 단짝인 브루스에게 딜란이라는 고등학생 아들이 있었다. 하루는 브루스가 남편한테 전화를 했다. 자기 아들이 이단에 빠진 것 같다며 무척 당혹스러워했다. 어린 시절의 딜란은 늘 도발적이었다. 영리하고 어디로 튈지 모르는, 에너지가 넘치는 아이였다. 반항적이라는 말로도 설명이 모자라는 아이. 그런데 최근에 그 아이의 아버지 브루스는 남편에게 말하기를, 딜란이 고등학교 내의 전도 모임을 통해 예수님을 알게 되었다고 했다. 브루스는 이 모임이 틀림없이 이단일 거라고 결론을 내렸다. 딜란의 변화는 뭐라 설명할 수 없는, 그야말로 기적 그 자체였다. 브루스는 내 남편이 그리스도인이라는 사실을 기억하고는(아마 둘이 같이 테니스를 칠 때 남편이 말했을 것이다), 자기 부부가 우리 집에 와서 딜란의 이단 문제에 대해 이야기를 좀 나눌 수 있겠는지 물었다.

그 때까지만 해도 나는 브루스에 대해 잘 몰랐다. 수영 모임에서 수영 시간을 재고 있는 그의 옆 줄에 서 있긴 했었지만 말이다. 그의 아내 벨린다와는 매점 앞에서 담소를 나눈 적이 있었다. 브루스에 대한 간략한 인상은, 그가 운동에 엄청 관심이 많다는 사실이었다. 솔직히 말해서, 전화가 온 그 날과 그 후에 있었던 일 외에는 그와 그리 깊이 연루된 적이 없는 듯싶다.

브루스와 벨린다가 초인종을 눌렀고, 나는 벨린다에게 동물 알레르기가 있다는 것을 알고는, 우리 고양이들을 침실로 몰아넣었다(전도에서 가장 중요한 단계는 상대방이 커피 한 잔 하려고 들렀을 때, 그 사람이 재채기를 한다든지 알레르기를 일으키는 것에 세심한 관심을 쏟는 것이다). 부엌 식탁에서 브루스와 벨린다는 딜란이 자기 인생을 예수 그리스도께 드리기로 한 것을 설명했다. "그 전도 단체 이름이 '영 라이프'랍니다. 이단 맞지요?" 브루스가 열심히 물어 보았다.

남편과 나는 안도의 한숨을 내쉬며 우리 이야기를 들려주기 시작했다. 기독교 가정에서 자란 남편의 이야기와 "영 라이프"를 통해 예수님께 삶을 내어드렸던 내 이야기를 말이다. 브루스와 벨린다는 자신들의 이야기를 털어놓기 시작했다. 브루스는 가톨릭을 믿는 가정에서 자랐지만, 최근에는 신앙을 별로 중요시하지 않았다고 했다. 벨린다는 더 신앙 문제에 관심이 없었고, 스스로 무신론자에 가깝다고 생각하고 있었다. 그 날 저녁 브루스는 우리 남편에게 부탁하기를, 자기나 벨린다나 기독교에 대해 별로 아는 게 없으니 기독교와 관련해서 아들 딜란의 멘토가 되어 달라고 했다. 남편은 그러기로 했다.

그로부터 4년 후, 딜란은 자기가 다니는 대학에서 부흥 운동의 선두주자가 되었고, 브루스도 그의 삶을 예수님께 드렸으며, 벨린다는 남편과 아들이 신앙 안에서 성장하는 모습을 지켜보고 있다. 나는 딜란의 누이인 리앤과도 가끔 커피를 마시곤 하는데, 그 아이도 남미계 빈민들을 돌보는 데 시간을 투자하면서 예수님, 부처, 정치 등에 관해 거창하고 포괄적인 질문을 하곤 한다.

우와! 이게 다 남편에게 도움을 청한 전화 한 통에서 시작된 일이다.

그 때를 되돌아보건대, 남편이 아니었더라면 내가 그 일에 끼어들려 했을까 싶다. 나는 그들을 잘 몰랐고, 내 작은 빛은 변화를 초래하기에는 너무도 부족해 보였다. 하지만 하나님이 사용하고자 하신 건 내 작은 빛이 아니었음을 알겠다. 최소한 내 작은 빛만을 사용하려 하신 건 아니라는 말이다. 하나님이 바라신 건, 나의 작은 빛이 남편의 작은 빛과 합쳐지고 그렇게 합쳐진 우리의 작은 빛이 딜란의 작은 빛과 합쳐져서, 결국 브루스에게 영향을 끼쳐 브루스 역시 작은 빛을 갖게 되는 것이었다. 그리고 이제 우리 네 사람의 작은 빛을 벨린다와 리앤에게 비추고 있다.

전도서 기자는 협력의 중요성을 말하고 있다. 전도서 4:9-10, 12 말씀은 우리가 팀을 이룰 때 일을 완성할 수 있는 지지와 위로와 힘이 나온다는 사실을 강조한다. "혼자보다는 둘이 더 낫다. 두 사람이 함께 일할 때에, 더 좋은 결과를 얻을 수 있기 때문이다. 그 가운데 하나가 넘어지면, 다른 한 사람이 자기의 동무를 일으켜 줄 수 있다. 그러나 혼자 가다가 넘어지면, 딱하게도, 일으켜 줄 사람이 없다.…세 겹 줄은 쉽게 끊어지지 않는다."

이 일반적인 구약의 진리는 신약의 마가복음에 나오는 예수님과 중풍병자의 이야기에서 다시 드러난다(나는 예수님의 사역을 마치 뉴스를 보도하듯 활기차고 생생하게 기록한 마가의 문체를 너무나 좋아한다). 마가복음 2장에 보면 예수님이 가버나움의 어느 집에 가득 모인 무리를 가르치시는 장면이 나온다. 사람이 너무 많이 모여들어서 입추의 여지가 없었다. 밖에 서서 안을 들여다볼 공간조차 없었다. 중풍병자의 네 친구는 그 병자가 혼자 힘으로는 도저히 예수님께 접근할 수 없다는 것을 알아채고는, 두 팔을 걷어붙였다. 그 친구를 지붕으로 데리고 올라가 구멍을 낸 다음, 그를 아래로 데려가 예수님께 보인 것이다.

이 상황이 우리에게는 좀 이상하게 보일 수도 있지만, 성경 시대에는 비교적 간단한 일이었다. 팔레스틴의 가옥들은 지상에서 지붕까지 연결되는 계단을 가옥 외부에 설치했다. 지붕은 찰흙과 진흙으로 만들었으며, 이 지붕은 약 한 자 간격으로 세운 들보가 떠받치고 있었다. 이 구조물 꼭대기에는 풀이 자라기도 했다. 네 친구는 함께 팀을 이루어 중풍병자 친구를 예수님께 데리고 갈 수 있는 길을 재치 있게 찾아냈다. 예수님은 이 친구들의 믿음을 보시고, 또 친구들의 도움으로 달아내려져 예수님께 나아온 중풍병자의 믿음을 보시고, 그를 고쳐 주셨다.

친구 한 명을 예수님께 데려가기 위해, 각자 들것의 한 귀퉁이를 맡을 친구 네 명이 필요했다. 네 개의 작은 빛이 필요했던 것이다.

나는 동역할 수 있다. 우리는 혼자서 전도할 필요가 없다. 물론 우리 혼자서 비춘 빛이 어둠의 본질을 바꾸어 놓을 때도 있다. 그럴 때도 많이 있다. 우리가 가지 않고, 비추지 않고, 모습을 드러내지 않으면, 어둠이 편만할 것이다. 하지만 우리의 작은 빛을 드러내고 이 작은 빛 저 작은 빛이 합쳐져 어둠 속에서 큰 변화를 이루어내는 경우도 일상의 순간 속에 매우 많다.

당신이 알고 있는 사람 중에 아직 예수님께로 가는 여정에 있는 사람들, 중풍병자처럼 온몸이 마비되어 들것에 실린 채 예수님의 임재

앞으로 가는 문을 찾지 못한 사람들을 생각해 보라. 자, 어떻게 하면 예수님을 믿는 사람들과 협력하여 그들을 예수님 앞에 데려올 수 있겠는가?

그리스도인 친구 서너 명과 믿지 않는 사람 서너 명을 모아서 함께 성경 공부를 하는 모임(예를 들면 마가복음!)을 시도해 보거나 아니면 기독교적인 사상이 가득한 영화["싸인"(Signs), "브루스 올마이티"(Bruce Almighty) 등]을 함께 보라. 저녁 식사 모임이나 바비큐 파티를 할 때는, 초대 명단에 이웃이나 직장 동료도 섞어 넣으라. 소망을 찾아 헤매는 직장 동료와 만날 때, 친한 교회 친구를 데리고 나가라. 친구도 공유하고, 대화도 함께 나누라. 당신의 가정도 함께 누리고 커피숍도 함께 누리라. 이웃도 함께 누리고 교회도 함께 누리라. 당신의 삶을 함께 누리라.

당신의 믿음도, 당신의 빛도 함께 나누라.

아직 믿지 않는 사람들을 대상으로 실시한 설문 조사에 따르면, 대다수의 사람들은 교회에 가자는 초대를 받으면 기꺼이 갈 마음이 있다고 한다(어떤 설문 조사에서는 열 중에 아홉이 그럴 마음이 있다고 한다). 그런데 우리 중에 실제로 그렇게 초대를 해 본 사람은 얼마나 될까?

어쩌면 우리는 하나님이 의도하신 것보다 일을 더 어렵게 하는지도 모른다. 혼자서 전도해야만 하는 것은 아니다. **다른 사람과 기꺼이**

동역할 수 있다. 예수님을 믿는 사람 누구나 자기 안에 빛을 간직하고 있다면, 그리고 그런 우리가 서로 팀을 이뤄 협력한다면, 세상 속에서 그분의 빛은 더욱더 강렬하게 빛날 것이다. 그분의 반짝임에 나의 반짝임과 당신의 반짝임이 합쳐진다면, 결코 지나칠 수 없는 강렬한 환한 빛이 될 것이다.

"혼자보다는 둘이 더 낫다. 두 사람이 함께 일할 때에,
더 좋은 결과를 얻을 수 있기 때문이다."
••• 전도서 4:9

14

위기에 처한 사람들에게 도움을 줄 수 있다

"그림자는 햇빛을 증명한다."
조나단 포어맨

에단의 나이 아홉 살. 기도, 뽀뽀, 불 끄기를 마치고 아이의 이층 침대 곁을 물러나 아래층으로 내려간다. 두 번째 칸을 내려갈 때쯤 들려오는 소리, "엄마!"

나는 고개를 돌려 대답했다. "왜 그러니?"

"엄마, 욕실 불 좀 켜 놓으실래요?"

그럼 그렇지. 에단은 잠자기 절차에 너무 집착했다. 기도, 뽀뽀, 불 끄기 그리고 욕실 불 켜 놓기. 하지만 내 속에서 아이의 요구를 거부하는 마음이 일었다. 아홉 살이면 이런 의존심은 어느 정도 벗어날 때가 되지 않았는가? 어두우면 어두운 대로 잠이 들 만한 나이가 아닌가? 옷장에서 귀신이 나올까 봐 무서워하던 시기는 이미 지났다. 그런데 아직도 이렇게 어린애처럼 겁내는 건 또 뭐람?

"에단, 이젠 불 안 켜도 괜찮아. 그럴 나이는 지났잖아." 나는 계속 계단을 내려가며 소리쳤다.

"아직은 켜야 된다고요!" 녀석은 고집스럽게 제멋대로 하려고 들었다. "좋아요. 그럼 내가 직접 켜죠, 뭐!" 그렇게 선언하더니 다리를 벌려 이층 침대를 넘어와서는 얼른 달려가 제 방 옆에 있는 욕실 스위치를 찰칵 눌렀다. 어두운 복도에 빛이 좌악 비춰들었다. 녀석은 팔짱을 낀 채 잠시 회심의 미소를 짓더니 침대로 돌아갔다. 에단은 두려움이 밀려올 때 어떻게 해야 하는지 잘 알고 있었다. 바로 빛이다. 스위치만 찰칵 올리면 안전하게 지켜 주는 빛. 아주 간단했다.

"주님이 나의 빛, 나의 구원이신데, 내가 누구를 두려워하랴? 주님이 내 생명의 피난처이신데, 내가 누구를 무서워하랴?"(시 27:1) 다윗은 원수와 적군, 전쟁과 패망, 거짓 친구를 만났을 때, 그 어두운 두려움을 하나님의 빛으로 바꾸었다. 그가 하나님을 빛이요 구원이라고 말한 것은, 자신의 안녕이 하나님의 임재에서 온다는 온전한 확신을 표현한 것이다. 두려움에 직면한 그에게 빛은 하나님을 상기시켜 주었다.

우리 아들 에단과 다윗은 둘 다 빛을 제대로 이해했다. 두려움이 우리를 엄습할 때, 빛은 우리에게 하나님을 상기시켜 주고, 어두운 날들 속에서도 그분의 예비하심과 보호를 기억나게 해준다. 어둠 속에서 살고 있는 우리 주변 사람들도 인생의 어두운 순간을 만날 때, 특히 위기를 겪을 때는 마찬가지로 빛에 끌리게 마련이다. 그들은 긴급한 빛을 필요로 하고, 우리는 그 빛을 줄 수 있다. 또 한 번 **난 할 수 있어라고? 물론이다. 난 위기에 처한 사람을 도울 수 있다.**

한번은 수술 대기중인 친구를 방문한 적이 있다. 그는 하나님과 특별히 친밀한 관계는 아니었으며, 무척 긴장한 상태였다. 나는 그가 수술실에 들어가기 전에 한번 찾아가겠노라고 약속을 했던 터였고, 역시 하나님과 별로 가깝지 않은 그의 아내가 보는 앞에서 그를 위해 기도했다. 처음에는 좀 어색했지만, 내가 "당신을 위해서 기도를 해드려도 될까요?"라고 어물어물 물어 보았을 때, 그가 짧게 고개를 끄덕였고, 기도도 그런 대로 잘 끝났다. 나는 그가 진정제를 마시기 전에 직접 하나님을 대면할 기회를 가진 것에 안도감을 느꼈다.

복도로 나가다가 그의 아내와 마주쳤다. 그녀가 두려움으로 눈물을 글썽이며 내게 애원했다. "엘리사. 저를 위해서도 기도해 주세요!" 나는 놀라서 말이 안 나왔다. 자기 인생에 하나님께 내어 줄 공간은 전혀 없다고 주장하던 이 여자가 자기를 위해 기도해 달라고 부탁을 하다니. 그녀는 어두움 속에 있었고, 길을 찾기 위해 빛이 필요했던 것이다. 나는 그녀를 위해 기도해 주었다.

내가 살고 있는 콜로라도 주의 콜럼바인 고등학교에서 총기난사 사건이 있은 직후에, 우리 국제 취학전아동 어머니협회에서 직원으로 일하는 한 친구도 이와 비슷한 경험을 했다. 그녀의 아들은 간신히 피해서 상해를 입지는 않았지만, 학교에 붙잡혀 있었던 일로 정신적 충격이 너무도 컸다. 그 참사가 있던 날 밤, 그녀 집은 계속해서 찾아오는 이웃들 때문에 초인종이 쉴새없이 울렸다. 그 동네에서 이 가정은 신앙 좋기로 유명했다. 너무 놀라 정신을 못 차리는 아버지와 아들, 그리고 이웃 사람들은 자기도 모르게 그 집을 찾아와 초인종을 누르고는, 말로 다 표현할 수 없는 공포 속에서도 소망을 줄 것만 같은 그 집에 들어오고 싶어했다.

나중에 그 친구가 말하기를, 그 이웃 사람들은 마치 자신을 추스를 수 없어서 그 집의 불빛을 향해 몰려드는 나방 같았다고 한다.

MOPS 회원이 된 한 엄마는 이런 글을 써 보냈다.

처음 MOPS에 갔을 때, 제 마음은 꼭꼭 닫혀 있는 상태였고, 이 새로운 모임에 별로 마음이 열리지도 않을 것 같았습니다. 제가 가장 좋아하던 친구가 죽은 지 얼마 안 된 때였고, 저는 다른 친구들로 인해 또 상처를 받을까 봐 그들을 다 떨쳐 버리려고 지독스럽게 일만 했습니다. MOPS에서 저는 혼자 조용히 앉아 있으려 했지만, 이내 온통 미소띤 얼굴들에 둘러싸였습니다. '도대체 내가 어디로 뛰어든 거지?'라고 생각했지요. 질문들이 날아왔고, 저는 제 이름과 아이가 몇인지 등을 말했습니다. 그러고 나서 보니, 제 자신이 깔깔 웃으며 미소를 띠고 있는 것이었습니다. 시간이 지나면서 저는 친구도 사귀고 닫혔던 마음도 열게 되었습니다.

하나님은 우리 삶 속에 두신 자신의 빛을 통해서, 어두운 위기에 처한 사람들에게 긴급한 빛을 비춰 주신다. 그 위기가 암이든 실직이든, 홍수든 이혼이든, 반항하는 십대 자녀든 죽음이든, 인생의 위기 앞에서 사람들은 소망을 갈구하고, 그 소망의 원천을 발견할 수 있는 곳이라면 귀를 열고 듣는다.

빛 가운데서 오랜 동안 걸어온 우리는 때로 이 사실을 망각하는 경우가 있다. 늘 소망을 비춰 주는 빛에 익숙해진 나머지, 스스로 어둠 속을 걷고 있다고 느끼는 사람들, 우리가 당연시하는 소망에 본능적으로 끌리는 사람들이 있다는 걸 간과하기 쉽다. 마찬가지로, 빛 속을 걷는 우리는 때로 이런 일에 무관심해지기도 한다. 간혹 인생의 과속 방지턱에 걸려 잠시 흔들릴 뿐, 주변을 둘러보며 우리가 남들에게 줄 것이 뭐가 있는지 의아해하곤 한다.

이 일은 복잡하게 할 필요도, 시간을 많이 소비할 필요도 없다. 돈을 많이 써야 하는 것도 아니다. 위기 속에 있는 친구에게는 구체적인 섬김이야말로 구체적인 도움이 된다. 가족이 상을 당한 경우에는 아이들을 돌봐 준다. 직장 동료가 교통 사고로 폐차를 시켰다면, 당신

차에 그를 태워 준다. 실직당한 친구의 집 현관문 밑으로 슈퍼마켓 상품권을 몇 장 넣어 준다. 다음 번 모임이 있을 때는 혼자 아이를 키우는 엄마나 아빠도 초청한다. 그리고 아이들을 카풀할 때는 그 집 아이들도 포함시킨다.

작은 위로의 몸짓도 소망을 준다. 아기를 유산한 친구에게 카드 한 장 보내기, 아이가 입원한 집에 밥 해다 주기, 애완견 대신 산책시켜 주기, 그 사람을 찾아가서 당신도 그렇게 어려운 때에 마음에 와 닿았던 책이나 음악 CD 또는 성경 구절이나 좋은 인용 구절을 함께 나누라. 그 사람을 향한 하나님의 사랑을 말이나 행동으로 표현하기를 재촉하시는 하나님의 음성에 귀기울이라. 당신의 작은 빛을 통해 하나님이 하시는 일을 보고 놀라게 될 것이다!

사람은 위기에 처하면 빛을 갈구한다. 그들 주변은 온통 어두운 순간들뿐이다. 확실치 않은 진단, 모호한 결정, 생각하기도 싫은 상황 등등. 자신이 취해야 할 다음 단계는 고사하고, 바로 다음 순간도 내다보지 못한다. 다만 그 비참한 상황에서 소망을 줄 수 있는 뭔가가 와 닿기를 바라면서 맹목적으로 두 팔을 내뻗을 뿐이다.

빛 속에 살고 있는 우리야말로 정말 **빛** 속에 있다. 기억하라. 작은 빛이 멀리 간다는 사실을. **나는 위기에 처한 사람들을 도울 수 있다.** 심지어 우리 자신조차 어둑어둑한 순간에 길을 찾느라 갈등하고 있다 할지라도, 우리의 작은 반짝임만으로도 다른 사람들은 길을 찾아 따라갈 수 있다.

  현관 저 쪽을 보라. 당신을 위해서 그리고 캄캄한 위기의 순간에 어디로 발을 내디뎌야 할지 모르는 당신 주변의 사람들을 위해서, 그 분은 계속 빛을 비추고 계신다.

"주님이 나의 빛, 나의 구원이신데,
내가 누구를 두려워하랴?"
••• 시편 27:1

15
섬길 수 있다

> "열정이나 달변 또는 학식보다 훨씬 더 많은 죄인을
> 회심시키는 것은 바로 친절이다."
>
> 프레드릭 W. 파버

우리는 무성한 나뭇가지들을 헤치며 구불구불한 언덕 길을 올라갔다. 가지 사이로 태양이 작열하고 있었다. 등으로 구슬땀이 흘러 배낭을 맨 티셔츠 부분이 땀에 흠뻑 젖은 게 느껴졌다. 리치는 나뭇가지를 벌려 내게 길을 마련해 주면서 어깨 너머로 나를 돌아보며 "이제 얼마 안 남았어요"라고 소리쳤다.

엘살바도르의 어느 시골, 나는 안내인을 따라 구불구불한 길을 헤치고 한 가정을 방문하러 가는 길이었다. 나는 "컴패션"(Compassion)이란 단체의 초청으로, 그 단체에서 하는 사역을 방문해서 목격하였다. 정말로 열심히 보고…뻘뻘 땀 흘리고…그리고 놀라움을 금치 못했다. 단지 생존을 위해 몸부림쳐야 하는 사람들이 세상에 그렇게 많은지 미처 몰랐다. 난생 처음 내가 부자라는 걸 느꼈다. 콜로라도의 우리 집에 있는 모든 것에 대해서 자족하는 정도가 아니라, 내가 정말 엄청 부자인 것처럼 느껴졌다.

앞서 가던 리치가 길이 오른쪽으로 구부러지는 지점에서 잠시 멈췄었다. 돌 한 무더기가 유일한 이정표였다. "맞아요. 여기서 몇 분만 더 가면 그 집이 나와요. 오스카리토는 여섯 살이고, '컴패션'에서 후원받고 있어요. 그 집은 그 애말고도 아이가 셋이나 더 있는데, 다른 형제들은 아직 후원을 못 받고 있죠. 오스카리토는 6개월 전쯤에 사고를 당해 봉고차로 실려 왔어요. 후원을 통해 의료진의 도움을 받지 못했더라면, 이미 죽었을 거예요. 지금은 많이 회복된 상태지만, 아직 걷지는 못합니다. 숨을 쉴 수 있도록 기관절개술을 받았지요. 그 애 부모님은 먹고 살기 위해 하루 종일 일하시는데, 아버지는 밭에서 어머니는 시장에서 일하세요. 오스카리토 위로 여덟 살짜리와 열 살짜리 형제 둘이 있는데, 둘 다 일을 나간답니다. 네 살 난 여동생만 집에서 하루 종일 오스카리토와 함께 있지요."

리치는 말을 마치자 다시 돌아서서 길을 오르기 시작했다. 땅을 콕콕 쪼아대는 닭들, 아무렇게나 버려진 쓰레기 그리고 개똥 사이로 조심조심 발을 디디며 리치를 따라가는데, 갑자기 눈앞에 판잣집이 불쑥 드러났다. 거기서 풍기는 악취는 정말 고약했다. 나는 숨을 멈춘 채 리치를 따라 고개를 숙이고 입구로 들어섰다. 어둠 속에서 나무로 만든 엉성한 침대 위에 더럽고 얇은 요가 깔려 있는 모습이 눈에 들어왔다. 그 요 위에 다리를 꼬고 앉아 있던 작은 남자 아이가 스페인어로 '쉿' 소리를 내더니, 갑자기 활짝 웃었다. 아이 얼굴이 반가움을 감추지 못한 채 환하게 빛났다. 엘살바도르에서 "컴패션"이 하는 사역을 살펴보는 이 회오리바람 같은 여정 곳곳에서 나는 소중한 아이들을 여럿 만났다. 하지만 이 아이는 뭔가 달랐다. 이제껏 그런 아이를 본 적은 없지 싶었다.

오스카리토를 보살피고 있는 사람은 그 애보다 더 조그만 여자 아이였다. 그 꼬마는 때때로 오스카리토의 손을 어루만져 주기도 하고, 방 한쪽 구석의 화롯불 위에 있는 콩 냄비를 가끔씩 젓기도 했다. 달라붙는 파리를 쫓으면서. 가족이 먹고 살려니 오스카리토를 돌볼 수밖에 없는 이 꼬마 간병인을 보고 나는 경탄을 금치 못했다.

통역관의 도움으로 15분 정도 대화를 나눈 뒤, 우리는 오스카리토와 함께 기도를 하고, 그 애와 여동생을 안아 준 뒤, 파리가 들끓는 콩 냄비와 더러운 요를 뒤로 한 채 그 집을 나왔다. 나는 가슴이 꽉 차오르는 걸 느꼈다. 그들의 암울한 상황 때문이 아니라, 방금 목격한 기쁨에 찬 밝은 확신 때문에 가슴이 터질 것만 같았다. 오스카리토는 자기가 사랑 많으신 하나님의 사랑과 애정과 공급하심을 받고 있다는 사실에 **일말의** 의심도 없었다. 그 아이는 "컴패션" 사역과 병원에 입원한 기간 그리고 리치와 같은 사람들의 방문을 통해 예수님을 믿게 되었다. 자기를 보살펴 주는 여동생을 동무 삼아, 아무 두려움 없이 그 침대 위에서 하루하루를 견디고 있었던 것이다.

다른 이들의 섬김을 통해서 그 아이의 어두운 인생에 소망의 빛이 비쳐 왔다. 오스카리토는 주변에서 베푼 섬김 때문에 예수님을 믿게 되었다.

내 주변에 있는 오스카리토 같은 아이들을 생각하면, 겸손해질 수밖에 없다. 또 약간은 부담감도 생긴다. 도움이 필요한 사람들이 그렇게 많다니! 신호등 앞에서 구걸하는 노숙자를 지나쳐 버리기란 얼마나 쉬운가. '정부가 알아서 하겠지' 하면서. 어른의 사랑과 관심이 절실히 필요한 이웃집 아이를 지나쳐 버리기는 또 얼마나 쉬운가. '그 애 엄마가 알아채겠지' 하면서. 하지만 그 애 엄마는 남편도 없이 한 사람 반 몫의 일을 하고 있다. 물론 학교도 나름대로 관여할 여력이 있지만, 그러려면 아이의 행동이 학교의 검사 기준치에 맞아야 한다. 검사하는 시간도 걸리고.

내가 내어 줄 수 있는 에너지에 비교할 때, 섬김이라는 것이 너무 거창하게 보일 수도 있다. 차라리 먼 나라에 사는 아이나 한 명 후원하고(물론 이런 섬김도 다른 형태의 섬김만큼이나 **매우** 훌륭한 일이지만), 나는 그저 소파에 앉아 한창 인기중인 드라마나 보면 어떨까? 그런 속물이 어디 있냐고? 내가 바로 그런 사람이다.

그래서 나는 도움이 필요하다. 어쩌면 당신도 마찬가지일 것이다. 섬김은 아주 간단한 형태라도 변화를 일으킬 수 있으며, 이것이 쌓이면 큰 의미가 된다.

난 섬길 수 있다. 냉수 한 그릇일망정, 예수님의 이름으로 섬길 수 있다.

예수님은 마태복음 25장에서 섬김에 대해 말씀하시면서, 냉수 한 그릇을 예로 드셨다. 별로 복잡한 게 아니다. 냉수 한 그릇이 다른 사람을 향한 예수님의 사랑을 호소력 있게 전달한다. "너희가 여기 내 형제자매 가운데, 지극히 보잘것없는 사람 하나에게 한 것이 곧 내게 한 것이다"(마 25:40). 믿음과 섬김은 불가분의 관계다. 야고보는 그의 편지에서 이 점을 좀더 강조한다. "이와 같이 믿음에 행함이 따르지 않으면, 그 자체만으로는 죽은 것입니다"(2:17). 이에 반해 행동으로 표현된 믿음은 살아 있는 믿음이다. 그런 믿음은 눈에 보인다. 소통된다. 마치 한 줄기 빛과 같이, 사람들의 관심을 그 근원으로 끌어들인다. 섬김은 사람들을 예수님께로 이끈다. 마태복음 5:16에서 마태가 말하고 있듯이, "너희 빛을 사람에게 비추어서, 그들이 너희의 착한 행실을 보고, 하늘에 계신 너희 아버지께 영광을 돌리게 하여라."

빛을 비추는 섬김이란 사람의 필요를 파악하고, 그저 그 필요를 채워 주는 것이다.

나는 중동에 있는 한 여성을 알고 있는데, 최근 누군가를 섬기기 시작한 그녀는 그 일에 대해 스스로도 놀라워했다. 켄드라는 이 여성이 다니는 교회에 타샤라는 여자가 출석하게 되었는데, 켄드라는 자신도 모르게 타샤를 섬기게 되었다. 그녀는 매주 월요일 아침 시간을 타샤에게 할애했다. 타샤네 트레일러 집으로 찾아가서 둘이 함께 청소도 하고 음식도 만들고 설거지도 했다. 타샤의 세 아이는 켄드라가 오기 전에는 아무 거나 아무 때나 먹었다. 하지만 이제는 식탁에서 밥을 먹고 숟가락도 사용한다.

내가 그녀의 섬김에 놀라자, 그녀 자신도 언제까지 그런 희생을 계속할 수 있을지는 모르겠다고 고백했다. 그녀는 출장도 많고 준비할 것도 많은 전문직 여성이다. 하지만 그녀가 계속 섬기기를 하나님이 원하신다면 그렇게 해야 한다고 생각했고, 지금까지는 그렇게 해 왔다.

그러던 몇 주 전에 타샤가 예수님을 영접하였다.

빛을 비추는 섬김이란 사람의 필요를 보고, 그저 그 필요를 채워 주는 것이다. 그리하여 사람들을 그 섬김의 근원으로 이끄는 것이다.

하지만 섬김은 우리가 남에게 베풀 때만 빛을 발하는 게 아니다. 우리가 섬김을 받을 때도 그 섬김은 빛을 발한다.

어느 날 밤 나는 서부 텍사스에 있는 작은 마을에서 강연을 한 적이 있다. 어느 여성 모임에서 이웃을 초대해 하나님과 그분의 소망에 대해 함께 강연을 듣는 시간이었다. 좋은 음악 속에 웃음꽃을 피우며, 내가 잠시 강의를 한 뒤 오랜 대화 시간이 이어졌고, 기도 시간이 있었다. 나는 충만감을 느꼈지만, 몸은 말할 수 없이 피곤한 상태였다.

호텔방으로 돌아온 나는 잠옷으로 갈아입고 잘 준비를 했다. 그 때 노크 소리가 들렸다. 여행중일 때는 늘 몸을 사리는지라, 문은 열지 않고 문구멍으로 내다보았다. 여성 모임의 위원 중에 한 사람이 어깨에 큰 가방을 메고 서 있었다. 문을 여니 그녀는 미소를 띠며 커다란 물건을 담은 듯한 꽤나 큰 가방을 끌고 왔다.

내가 놀라서 눈을 동그랗게 뜨자 그녀가 말했다. "주무시기 전에 마사지가 필요하시지 않을까 싶어서요."

처음에는 좀 주저했다. '거, 이상하네.' 그게 나의 첫 반응이었다. 하지만 그녀의 눈을 들여다본 순간 그녀의 제안이 순수하며, 계산하지 않은 선한 의도라는 걸 알 수 있었다. 거절하면 마음 상해할 것 같았다. 그래서 나는 문을 활짝 열어 그녀를 맞아들였다.

그녀는 재빠른 몸짓으로 마사지용 탁자를 펴더니, 나에게 올라오라는 신호를 했다. 내가 올라가 눕자 그녀는 내 어깨의 결리고 쑤신 곳을 만지기 시작했다. 나는 그녀의 친절한 배려를 떨치고 일어나려는 충동을 억지로 참았다. 괜찮은데 괜히 그러는 것 같았다. '부담스럽기도' 했다. 당혹스럽기도 했고. 하지만 그녀가 마사지용 로션을 바르는 순간, 그 섬김을 받는 것은 그 자체로 꼭 필요한, 나를 내어 주는 거라는 확신이 들었다.

그 날 밤, 나는 소중한 교훈을 얻었다. 다른 사람이 주는 섬김을 **받**

을 때, 우리는 그들에게 의미와 소중함이라는 선물을 **준다**는 사실 말이다. 나의 새 친구가 된 그녀는 나를 섬겨 주었다는 사실에 환한 얼굴이 되어 호텔방을 나섰다. 나도 그녀의 선물을 기꺼이 받음으로써 그녀의 섬김을 확증해 주었다는 생각에, 평안하고 상쾌한 기분으로 잠자리에 들었다.

빛을 비추는 섬김은 주고받는 것이다. 때로는 상대방에게 희생적으로 뭔가를 해주는 섬김을 통해 빛을 비춘다. 또 때로는 섬김을 통해 빛을 비춘다는 것이, 남이 나에게 뭔가를 주고 싶어할 때 기꺼이 **받는** 것을 의미한다.

가족이 병원에 입원한 집에 식사를 갖다주는가 하면…유사시에는 친구가 대접하는 음식도 기꺼이 받으라. 가족 모임 때 혼자서 아이 키우는 엄마와 그 자녀들도 초대하라.…그리고 그녀가 답례로 당신을 초대할 때는 그 초대에 기꺼이 응하라. 카풀을 할 차례가 아니더라도 당번이 빠지게 될 경우는 당신이 한 번 더 운전하라. 단, 불평하지 말고. 그리고 그녀가 감사 인사를 할 때는, 말을 자르지 말고 그 마음을 그대로 받으라. 자녀들과 함께 옷가지와 장난감을 정리해서 불우이웃돕기 때 기증하라. 당신에게 도움을 준 사람에게는 편지를 써서 감사의 마음을 전하라.

언젠가 대통령 선거 때 "천 개의 등불"이라는 기치 아래 섬김이라는 주제가 핵심으로 전면 등장한 때가 있다. 우리는 자원 봉사 정신,

즉 빛을 비추는 자세를 장려한다. 각자 자기 빛을 비추자는 것이다. 우리 모두가 지극히 작은 섬김을 통해서라도 자신의 빛을 비출 때, 나라 전체가 소망으로 환해진다. **난 섬길 수 있다.**

섬김을 주고받는 가운데, 일상 속에서 친밀하게 개인적으로 예수님의 사랑을 주고받는다. 우리가 섬길 때, 하나님은 더욱 찬란하게 빛나신다.

"너희 빛을 사람에게 비추어서,
그들이 너희의 착한 행실을 보고,
하늘에 계신 너희 아버지께 영광을 돌리게 하여라."
•••마태복음 5:16

16

의심하는 사람들을 이해할 수 있다

"아무것도 모르는 사람은 아무것도 의심하지 않는다."
조지 허버트

에단과 나는 온종일 바닷가에서 시간을 보냈다. 캘리포니아의 밤은 온화했고, 내가 강연 준비를 하고 있는 무대 뒤에서는 에단이 음료수를 들이키고 있었다. 프로그램이 시작되기 전 약 30분 동안 우리는 함께 좋은 시간을 가졌다. 하지만 몇 분 후면, 우리 가족의 오랜 지인이 처음으로 내 강의를 들으러 도착할 예정이었다.

나는 에단을 훑어보았다. 열일곱 살 난 내 아들은 정말 근사했다. 멋진 바지, 세탁소에서 방금 나온 긴 소매 셔츠 그리고 구두. 아이의 이런 모습을 본 게 언제였던가? 오, 그렇지. 얼마 전 집안의 장례식에서였군. 이번에는 내 잔소리 한 마디 없이 혼자서 다 챙겨 입었다. 가히 감동적이었다.

에단은 음료수 캔을 쓰레기통에 던져 넣더니, 교회 현관 입구에 가서 그녀를 기다리겠다고 했다. 나는 아이를 불러 세우고는 이렇게 말했다. "에단. 그분은 아주 오랜 만에 교회에 다시 나오는 걸 거야. 편안히 모셔야 한다. 부탁해."

에단이 입을 꾸욱 다물더니 이렇게 대답했다. "흐음, 그렇담 엄마가 절 잘못 고르신거네요, 그죠?"

그 애가 왜 그런 소리를 하는지 나는 알고 있었다. 에단도 교회에 안 나간 지 꽤 되었던 터였다. 그 애도 지금 과정중이었다. 말하자면, 예수님과 모든 것에 대해 재고하는 중이었다. 영적인 의미에서 누군가를 도와주는 건 고사하고, 나를 따라온 것만으로도 그 애로서는 큰 결단이었다.

나는 두 손으로 강인한 내 아들의 얼굴을 감싸며 이렇게 대답했다. "아니지. 너야말로 그분과 같이 앉으면 딱 맞지. 네가 예수님을 처음 믿기 시작했던 그 자리에 바로 내가 있었단다. 지금은 네가 모든 걸 다 이해하지 못하겠지만, 예수님은 다 이해하신단다. 그리고 언젠가 너도 이해할 수 있을 거야."

우리는 대부분 그리스도인으로 살아가는 인생의 어느 지점에서 의심의 먹구름에 휩싸이곤 한다. 그리고 의심이 생길 때마다 마음이 불편해진다. 의심이 생기면 스스로 불충하다고 느끼거나 심지어 죄책감도 느낀다. 하지만 의심과 불신앙은 다르다. 의심한다고 해서 거부하는 건 아니다. 의심이란 아직 믿음을 확정하지 못하고 판단을 보류한 상태다. 의심이 일시적으로 의문을 품는 태도라면, 불신앙은 뭔가를 거부하거나 불가능하다고 생각하는 지속적인 태도다. 하나님께로 나아가는 다른 이들의 여정에 우리가 동행할 때, 한 가지 확실한 지침으로 삼아야 할 게 있다. 바로 **나는 의심하는 사람을 이해할 수 있어** 하는 태도다.

배움에서 의심은 꼭 필요한 도구가 될 수도 있다. 당신의 삶 속에서 의심이 가져다준 유익을 생각해 보라. 의심이 없으면 질문도 전혀 없을 것이다. 그리고 질문이 없다면, 우리 삶을 제 자리에 든든히 세워 주는 해답도 없을 것이다. 때로 이 사실조차 의심하지는 않는가? 우리는 하나님이 의심당할 때 몸서리를 치고, 마침내 하나님이 '발견될' 때는 거의 두려움을 느낀다.

하지만 하나님은 의심을 소화해 낼 만큼 충분히 크신 분이다. 그분은 우리에게 역사하신 것처럼 다른 이들에게도 역사하신다. 그분은 지치거나 의심하는 자들을 불경스럽게 여기지 않으신다. 오히려 의심이 그분께로 가는 또 하나의 통로가 되며, 사람들이 하나님 안에서 소유하기를 바라는 모든 것을 이룰 것이기에 의심을 환영하신다.

나는 예수님이 '의심하는' 제자, 도마를 대하신 방식을 좋아한다. 너무나 진솔하다. 마음에 쏙 든다. 도마가 예수님을 직접 보지 않고서는 부활을 믿지 않겠노라고 선언했을 때, 예수님은 도마에게 나타나 그가 요구한 테스트를 해 보라고 하신다. 그러고 나서 요한복음 20:29에서 부드럽게 말씀하신다. "너는 나를 보았기 때문에 믿느냐? 나를 보지 않고도 믿는 사람은 복이 있다." 정말 그렇다. 믿음이 충만한 사람은 복 있는 사람이다. 때로는 우리도 그런 부류에 속할 때가 있다. 전혀 보지 못했는데도 너무나 확실하게 믿어질 때. 하지만 또 때로는 우리가 **본 것**이 있기 때문에 **보지 못한 것**을 믿는 데 도움이 되는 때도 있다. 의심 많은 믿음의 소유자였던 랄프 왈도 에머슨(Ralph Waldo Emerson)은 이 점을 다음과 같이 잘 말했다. "내가 본 모든 것들 덕택에 내가 보지 못한 모든 것들에 대해 창조자를 신뢰하는 법을 배운다."

아이 이름을 '도마'라고 지을지 말지 갈등하던 부부가 있었다. 처음에는 아이에게 일평생 의심이라는 딱지를 달아 주고 싶지 않았다. 하지만 좀더 심사숙고한 끝에, 그들은 그 이름을 쓰기로 했다. 왜냐하면 그 이름은 질문하기를 두려워하지 않고, 믿기를 두려워하지 않았던 사람을 상징하기 때문이었다. 예수님은 연약함 혹은 나약함 혹은 의심 때문에 졸도하지 않으셨는데, 왜 우리가 그래야 한단 말인가?

어느 오후, 나는 젊은 친구인 엘라나와 커피를 마시면서 이 사실을 실제 삶에 적용해야 할 순간에 봉착했다. 우리는 가끔 만나서 그녀의 영적인 관심사들에 대해 이야기를 나누곤 했다. 엘라나는 미국식 기독교에 불만스러워했다. 전 세계를 여행하면서 가난과 어려움을 직접 목격한 그녀는, 하나님이라는 분이 그렇게 많은 고통을 허용하신 현실에 대해 가슴이 찢어지고 혼란스러워했다. 그녀는 기독교 신앙의 효력뿐만 아니라, 그런 현실에 대한 책임이 있는 하나님의 존재마저 의심스러웠다.

나는 답변을 궁리하는 동안 입술이 바싹 타들어 갔다. 마침내 나는 긍휼과 자비의 마음을 구할 수밖에 없었다. 그녀를 향한 예수님의 사랑이 느껴져서, 그저 그 사랑을 그녀에게 드러냈다. 나는 순간 눈물이 글썽해졌고, 그런 내 순수한 감정을 그대로 드러낼 수밖에 없었다.

우리 가운데 의심하는 자들을 어떻게 대해야 할지에 관해서 유다서 22절에 구체적인 지침이 나온다. "의심을 하는 사람들을 동정하십시오"(여기서 '동정하다'는 영어로 'merciful', 즉 자비롭게 여기라는 뜻이다—역주). 이 충고는 의심하는 자들을 대하는 긍휼 지수를 높여 준다. 그들의 두려움을 상상하는 거다. 그들의 불편함에 공감해 주는 거다. 우리에게도 해답을 얻지 못한 질문들이 있음을 기억하면서, 판단 대신 긍휼의 마음을 품자.

우리 주변에는 깜빡거리는 불빛들, 즉 뭔가 불확실해서 증거와 도움과 진리를 찾고 있는 의심하는 자들이 있다. 우리는 그들의 혼동과 공포를 무시하고 하나님을 변호하는 입장을 취하기 쉽다. 하지만 분명히 모순되는 우리 신학이 주는 긴장감을 그대로 감싸안고, 우리 역시 좀더 명확한 설명을 바라지만 그런 흑백 논리가 통하지 않는 현실을 인정하는 것이 더 현명하다.

나는 의심하는 사람을 이해할 수 있다.

세월이 흐르면서 나는 의심의 껍질 이면에는 깨어진 관계 등 좀더 민감한 이슈가 숨어 있다는 것을 깨달았다. 예를 들어 인종 차별과 관련해서, '백인들만 쓰는' 말투를 들으면 하나님께로 가는 마음 문을 쾅 닫아 버리는 사람도 있었다. 성 차별도 여성들이 가부장적인 믿음의 세계에 포용된다고 느끼지 못하는 이유가 된다. 교회 내의 직분자에게 성추행을 당한 어린이는 그토록 간절히 원하던 하나님께로 가는 길이 단절될 것이다.

또는 에단처럼 그 의심의 이면에는, 현재에 좀더 큰 의미를 부여하기 위해 어른이 되는 과정에서 어릴 적 믿음에 한 번 도전해 보는 것일 수도 있다.

우리는 삶 속에서 그렇게 깜빡거리는 빛들을 사랑하고 그들의 말에 귀기울임으로써 그들이 **서 있는 자리**에서 시작해야 한다. 그들에게 즉각적인 변화나 헌신 또는 번복할 수 없는 확신을 강요하면 안 된다. 인내는 정말 중요하다. **우리의** 시간표를 강요하지 말고, 하나님의 시간표를 인정해야 한다. 의심의 단계에 함께 있어 줌으로써 그들의 말을 경청하라. 그렇게 경청하다 보면 하나님의 빛된 소망을 제시하게 된다. 그럴 때 의심하던 자들은 그 빛 속에서 좀더 분명히 보게 되고, 더 나아가 깨어진 자리를 넘어서서 든든한 새 자리를 발견한다.

모든 의심은 믿음을 인정하는 것이라고 누군가 말했다. 의심할 여지를 남겨 두라. 믿음의 불꽃이 더 밝게 타오르도록.

 "의심을 하는 사람들을 동정하십시오."
••• 유다서 22절

17

명절 때 내 신앙에 대해 이야기할 수 있다

"크리스마스 때 당신에게 꼭 주고 싶은 것이 있다면 그건 바로 별이다."
앤 웜스

우리는 멋지게 장식한 식탁 앞에 앉았다. 식탁 가운데는 포인세티아가 놓여 있었고, 촛대도 서 있었다. 로스트 비프를 썰어 담은 커다란 접시 그리고 으깬 감자와 삶은 콩깍지가 수북이 담긴 그릇들. 남편과 나는 레이스로 된 식탁보를 사이에 두고 서로 마주보았다. 우리를 초대한 집주인은 참 좋은 분들이었다. 그들과 알고 지낸 지는 오래 되었지만, 진지하게 영적인 대화를 나눠 본 적은 없었다. 이 크리스마스 파티는 우리 가족이 처음으로 그들과 함께하는 시간이었다.

그 집 안주인이 내 남편에게 말했다. "간단히 식사 기도 좀 해주실래요?" 우리가 기독교인이라는 건 알았던 모양이다. 식사 기도는 그녀가 늘 지키는 관례였다. 적어도 크리스마스 때는 그런 기도가, 하나님에 대한 모종의 언급이 필요했던 것이다. 명절에 행하는 거룩한 의식 정도는 예상했던 바였다. 하지만 그녀가 아직 하나님을 믿지 않기 때문인지 아니면 그녀의 믿음의 여정이 미미하고 개인적이기 때문인지, 그녀는 우리에게 기도를 요청했다.

나는 명절이나 특별한 행사 때마다 이런 장면이 수십 번 반복되는 걸 봐 왔다. 크리스마스 때는 당연지사고, 다른 행사 때도 그랬다. 장례식, 생일, 결혼식, 부활절, 심지어는 독립기념일에도 그럴 정도였다. 특별 축하 행사를 하려고 친구끼리 또는 가족끼리 모이면, 참석자들을 주욱 훑어보던 눈이 우리에게 고정된다. 빛의 근원에 플러그가 꽂혀 있는 우리에게 '식사 기도를 해 달라는' 것이다. 축복을 전하는 말 또는 그저 믿음에서 우러나온 **뭔가를** 해 달라는 것이다. 이렇게 기회가 열릴 때마다 나는 **명절 때 내 신앙에 대해 말할 수 있다**는 것을 배운다.

이런 순간을 잘 운용하는 데 도움이 되는 몇 가지 지침도 갖게 되었다. 첫째로, 명절 때면 사람들에게 소망을 주어야 할 거라는 점을 예상하라. 미리 마음의 준비를 하고, 당신의 도움을 청하는 '표정'을 잘 살펴라. 그 여자분이 내 남편에게 주목하고 자신이 마련한 명절 모임의 식사 기도를 부탁한 것처럼, 당신도 그런 부탁에 대비하라. 내가 사는 나라는 정교 분리에 대한 갑론을박이 난무하긴 하지만, 그래도 화폐에 '우리는 하나님을 믿는다'는 글귀를 찍고, 법정에서 증언을 하기 전에 성경책에 오른손을 얹고 맹세를 하며, 잘 알지도 못하는 직장 동료의 장례식에서 고개 숙여 기도 드리는 나라다. 각양 모임이 으레 신앙적인 개념과 얽혀 있다. 다만 참여하는 사람들 대다수가, 그럴 때는 처음에 무슨 말이나 행동을 해야 할지 모를 따름이다.

그러므로 이런 기회를 활용하라. 손을 잡고, 고개를 숙이고, 그들을 위해 예수님께 아뢰라. 그들과 나눌 만한 시편 한 구절을 준비하라. 지난 명절 때 당신이 경험한 하나님에 대한 이야기를 미리 준비하라. 기회를 활용하라.

둘째로, 명절 때면 당신 안에 있는 소망을 당신 식으로 표현해 보라. 당신의 이야기를 명절 분위기 속에서 나름대로 풀어내는 법을 배우라.

남편 에반과 나는 부모가 되기를 거의 5년 동안 기다렸다. 결혼할 때 우리 부부는 생물학적으로는 자녀를 가질 수 없다는 사실을 알고 있었다. 그래서 아이를 입양하기로 했다. 솔직히 말하자면 처음에는 내가 정말 엄마가 되고 싶은건지 확신이 없었다. 어린 시절 우리 가정은 깨지고 멍들어서, 내가 가족을 돌봐야 하는 처지였다. '또다시' 엄마 역할을 할 생각을 하니 주저되었다.

처음엔 그랬다.

그리고 세월이 흘렀다. 몇 년 동안은 결혼하고 아이 없이 지내면서 온갖 재미난 일들과 친구들, 봉사 활동 그리고 서로를 누리며 더없이 충만하게 보냈다. 그러는 동안 입양 기관의 대기자 명단에 올라 있던 우리 이름은 '불가'라는 판정에서 '가능'이라는 판정으로 넘어가게 되었다. 내 마음은 온통 아기 생각으로 부풀어 올랐다. 내 아이가 생긴다니. 마치 타이머가 울리듯이, 나는 마음의 준비가 되었다. 엄마가 되고 싶었다. 그 무엇보다도 엄마가.

그렇게 한 해가 지나고 두 해가 지났다. 이쯤 되자 시간이 흐르는 게 고통스럽고 지루하고, 너무너무 느리게 느껴졌다. 다른 이들은 모두 임신을 했거나 이미 엄마가 되어 있었다. 누군가 임신해서 축하 파티를 연다는 초대장이 우편함에 들어 있으면, 나는 온통 분홍색과 파랑색으로 가득할 그 분위기와 호들갑스런 감탄사들에 몸서리를 쳤다. 그래서 선물만 보내고 나는 집안에 틀어박혀 있곤 했다. 어머니날은 정말 최악이었다. 목사님이 어머니들은 모두 일어나시라고 말씀한 뒤 안내 위원들이 카네이션을 선물할 때면, 나는 의자 밑으로 들어가 문밖으로 기어나가고 싶은 심정이었다.

크리스마스 때가 돌아왔다. 뭔가를 해야 할 것 같았다. 마침 시어머니가 어떤 행사에서 경품으로 받은 인조 크리스마스 트리를 보내 주셨다. 나는 그 트리를 거실 한켠에 세우고(**진짜** 트리는 가족실에 있었다), 사이사이를 안개꽃으로 채운 다음 분홍색과 하늘색 공단 리본들로 가지를 장식했다. 매일 아침마다 그 트리 앞에 서서 "오, 하나님. 제발 크리스마스 때까지는 저희한테 아기를 주세요"라고 기도하곤 했다.

그 트리는 눈에 보이는, 기다림의 상징이요 약속의 몸짓이 되었다. 나는 그 트리를 '아기를 향한 소망의 트리'라는 이름으로 유아 세례까지 주었다.

크리스마스 3일 전에 전화가 왔는데, 대기자 명단에서 우리 바로 앞에 있던 부부가 아기를 받았다는 소식이었다. 나는 담당자에게 전화를 걸었다. 그녀는, 크리스마스 때까지 우리가 아기를 받을 확률은 없다고 말했다. 마치 가슴에 총을 맞은 것 같았다. 수화기를 든 채로 무릎에 힘이 빠져 바닥에 털썩 주저앉고 말았다. 엄마가 되고 싶은 마음이 전혀 없던 내가, **간절히 아이를 원하고 있었다!**

크리스마스가 지난 후에도 나는 고집스럽게 아기를 향한 소망의 트리를 거실에 그대로 두었다. 하지만 결국 2월이 되자, 유심히 쳐다보는 이웃 사람의 눈길이 의식되어, 트리를 거두었다. 아기 방에 설치한 아기 침대에 매트리스를 냅다 깔았다. 먼지가 날렸다.

부활 주일이 다가오고 있었다. 덴버의 거리에는 눈보라가 휘날리고, 나는 토끼 모양의 방한용 실내화를 신은 채 소파에 앉아 있었다. 그 때 전화벨이 울리더니, 내가 그토록 오랫동안 듣고 싶어하던 말을 드디어 우리 담당자에게서 들었다. "딸을 받으시게 됐습니다!"

다음 날 남편과 나는 교회에서 "예수 부활하셨네, 할렐루야!"를 부르며 눈물을 줄줄 흘렸다. 정말 그랬다. 내 마음에서 소망이 용솟음쳤다. 나에게 딸이 생긴 것이다. 드디어 우리 딸 에바는 그렇게 현실이 되었다. 그리고 28개월 후에는 생후 13일밖에 안 된 아들 에단이 가족으로 합류했다.

그 기다림의 해부터 오늘날까지 매년 크리스마스 때마다 우리는 아기를 향한 소망의 트리를 꺼내 놓는다. 그리고 그것에 대해 묻는 사람들에게는 분홍색과 하늘색으로 장식된 그 트리를 배경 삼아, 우리가 자녀들과 한 가족이 되어 간 믿음의 여정을 들려준다. 그리고 예수님의 생일에 대해서도 이야기한다. 크리스마스가 다가와 장식물을 꺼내 준비할 때면, 밝고 빛나는 한 가지 방법론이 이야기보따리에서 흘러나온다. **나는 명절 때 내 신앙에 대해 이야기할 수 있다.** 그건 마치 우리 가족사를 이야기하거나, 우리 자녀들이 우리와 한 가족이 된 이야기를 하는 것만큼이나 자연스럽다.

셋째로, '명절'의 개념을 확대할 필요가 있다. 물론 크리스마스야말로 믿음의 빛을 비추기에 가장 좋은 시점이긴 하지만, 믿음을 나누는 시기를 굳이 크리스마스 때로만 제한할 필요는 없다. 내가 아는 어떤 가족은 설날마다 지난 해에 가장 좋았던 일과 힘들었던 일을 생각해 보고, 또 새해에 다가올 가장 좋은 일들을 생각하면서 믿음의 이야기를 나누는 가족도 있다. 결혼한 지 오래 된 내 친구 하나는 남편과 같이, 발렌타인 데이 때마다 진수성찬을 차려 놓고 독신인 여자 친구들을 초대한다. 이 여성들은 이혼이든 사별이든 아니면 미혼의 직장 여성이든 간에 전형적으로 로맨스와 연결되는 그 날에 다른 사람들과 의미 있는 저녁 식사를 하면서, 그들의 진정한 연인되시는 예수님을 발견한다.

핵심은 이것이다. 사람은 누구나 명절을 좋아하고 또 축하하고 싶어한다는 것. 파티 싫어하는 사람이 어디 있는가? 게다가 그들은 그 명절의 근원을 알고 싶어한다. 그 명절이 어떤 의미인지 그리고 어디서 유래했는지를 말이다.

이천 년 전에 하나님은 메시아의 탄생을 별 하나로 표현하셨다. 그 별이 목자들과 동방박사들을 하나님의 아들, 그리스도 예수가 계신 곳으로 인도했다. 동방박사들은 자세한 정보를 알기 위해 헤롯 왕에게 나아가서 "유대인의 왕으로 나신 이가 어디에 계십니까? 우리가 동방에서 그의 별을 보고, 그에게 경배하러 왔습니다"(마 2:2)라고 물었다. 그 별이 그들을 예수님께로 인도했다.

크리스마스, 발렌타인 데이 그리고 독립 기념일에, 이 날들을 축하하는 참된 이유를 간절히 알고 싶어하는 사람들에게, 하나님의 백성들은 빛을 비춰 줄 수 있다. **나는 명절 때 내 신앙에 대해 이야기할 수 있다.** 대화가 멈추고 하나님의 별을 좇아 그 아들에게 나아간 우리에게 시선이 고정될 때, 우리는 빛을 비출 수 있다.

"유대인의 왕으로 나신 이가 어디에 계십니까?
우리가 동방에서 그의 별을 보고, 그에게 경배하러 왔습니다."
••• 마태복음 2:2

18

경이로움을 느낄 여유를 가질 수 있다

"경이감(wonder)은 예배의 기본 요소이다."
토마스 카알라일

        교회에서 성만찬을 받기 위해 모두들 길게 줄을 서 있는 틈바구니에 나도 서 있었다. 이렇게 기다리다가 성만찬 테이블까지 걸어가서 만찬을 받는 방식이 나에게는 새로웠다. 전에 다니던 교회에서는 회중석에 앉은 채로 성만찬을 전달받았다. 나는 새로운 교회를 방문중이었는데, 여기서는 목사님의 안내를 따라 다들 일어서서 소위 하나님 앞으로 걸어나가는 방식으로 진행되었다.

    극장을 성전으로 바꾼 실내. 머리 위로 전등불이 희미하게 비치고, 소박한 식탁 위에 크래커를 담은 접시와 포도 쥬스를 담은 술잔이 놓여 있었다. 각 테이블 위에는 밝은 색으로 '할렐루야'와 '기뻐하라'는 글자가 쓰인 깃발이 걸려 있었다.

나는 회중석에서 걸어나와 당시 일곱 살이던 에단을 앞세우고 줄을 섰다. 에단도 이런 방식은 처음이었으므로, 안심시켜 주려고 두 손으로 아이의 어깨를 살포시 감싸 주었다. 성만찬 테이블에 이르러서는 앞 사람들이 하는 모습을 잘 지켜보았다가 그대로 따라했다. 크래커를 집어든다. 그것을 포도 쥬스에 적신다. 혀 끝에 올려 놓는다. 그리고 돌아서서 다시 자기 자리로 들어가 앉는다.

제자들을 위한 예수님의 기도문인 요한복음 17장 전체를 목사님이 읊으시는 동안 부드러운 음악이 깔렸다. 목사님은 가슴으로 그 말씀을 읽으셨다. 감동적인 순간들이 계속 이어졌다. 우리 자리로 돌아온 에단이 눈을 동그랗게 뜨고 나를 쳐다보며 하는 말 "우와. 정말 **드라마틱**하네요."

우리가 뿌듯하게 차오르는 예배의 경이로움을 느낄 때, 하나님은 예기치 않게 그리고 무어라 표현할 수 없게 자기 존재의 거룩함을 드러내신다. 경이로움, 신비, 드라마틱함. 우리의 이해를 넘어서는 어떤 체험. 우리 중 많은 사람들이 그리스도의 '타자성'(otherness)을 가장 또렷이 의식할 때, 그분을 확신하게 된다. 불타는 가시덤불을 목격한 모세를 생각해 보라. 또는 다메섹으로 가던 바울을. 혹은 하나님의 천사를 통해 메시아를 낳을 거라는 소식을 듣고 놀라던 마리아를 생각해 보라.

물론, **우리의** 일상 속에서는 세실 드밀(Cecil B. DeMille: 1881-1959, 20세기 초반의 유명한 영화 감독—역주)처럼 기적적인 순간들을 체험하지 못할 수도 있다. 하지만 거룩한 것들은 여전히 우리에게 접근하여 우리의 관심을 끌고 시선을 주도한다. 믿음을 다른 이들에게 전하기 위해서, 우리는 설명하려는 충동을 억누르고 그 대신 신비를 음미할 여지를 남겨두어야 한다. 대답하기보다는 탐색하도록. 반짝반짝 빛나기로 작정한 우리가 해야 할 또 하나의 '난 할 수 있어'가 있다. 바로 **나는 경이로움을 느낄 여유를 가질 수 있어**라는 태도다.

"반짝 반짝 작은 별. 네가 정말 경이롭구나. 세상 높이 떠올라, 다이아몬드처럼 하늘 높이 떠올라." 칠흑 같은 하늘에 찬란하게 떠 있는 다이아몬드 별빛처럼, 하나님에 대한 신비한 체험은 사람들로 하여금 하나님의 정수를 깊이 생각하게 만든다. '세상 저 높은 곳에 계신, 당신의 존재가 무척 경이롭습니다'라고.

지난 여름에 우리 가족은 둘로 나뉘어 주말을 보냈다. 남편은 어른이 된 딸과 손자를 데리고 한쪽으로 가고, 나는 에단과 그 애의 여자친구 킬리를 데리고 다른 쪽으로 갔다. 서로 인생의 단계도 다르고 필요도 다르다. 무슨 말인지 당신도 알 것이다. 당시 에단은 열여덟 살이었다. 오래 전에 경이로움을 표현하던 일곱 살짜리와 비교하면 다 큰 남자였다. 킬리는 우리와 알고 지낸 지 몇 년 되었고, 따라서 그 날 콜로라도 산기슭에서 저녁을 먹으며 대화를 나눈 시간은 편안하긴

했지만, 일상적이고 조금은 지루해지려는 참이었다.

　나는 활력을 불어넣기로 했다. 에단의 인생에서 그 시절은 자기가 생각하는 하나님에 관해 일종의 과정중에 있었다. 나는 그 애의 마음이 어디쯤 와 있는지, 킬리의 마음도 어디쯤 와 있는지 궁금했다. 그래서 대화 게임을 하나 만들어 보았다. 게임의 규칙은 이랬다. 먼저 다같이 다섯 가지의 대화 주제를 정한다(모두가 한 가지 이상 제안해야 한다). 그런 다음 그 중에서 각자 한 가지 주제를 골라, 대화를 이끄는 질문을 하나 던진다. 나머지 사람은 그 질문에 답변을 한다(이렇게 해서 다섯 가지 주제가 세 가지로 압축되었다). 그리고 다음 사람이 그 주제에 대해 두 번째 질문을 하면 또 나머지 사람이 답변을 한다. 그러고 나면 다음 주제로 넘어간다.

　우리가 제안한 다섯 가지 주제는 추억, 자연, 꿈, 종교 그리고 시사였다. 그 중에서 에단은 추억을 골랐고, 킬리는 꿈을 골랐다. 물론(!) 나는 종교를 골랐다.

　각 주제에 대한 질문들은 다음과 같았다.

추억

질문 1: 어린 시절에 기억나는 좋은 추억은 무엇인가요?

질문 2: 당신의 자녀가 가장 좋은 추억으로 간직하길 바라는 것은 무엇인가요?

꿈

질문 1: 5년 후에 당신은 어느 장소에 있기를 원하나요?

질문 2: 5년 전에는, 지금 당신이 어느 장소에 있을 거라고 생각했었나요?

종교

질문 1: 당신이 하나님과 가장 가깝다고 느낀 때는 언제인가요?

질문 2: 당신이 하나님과 가장 멀리 떨어져 있다고 느낀 때는 언제인가요?

대답들이 걸작이었다. 그 애들의 대답, 나의 대답 그리고 우리의 대답들이. 나는 그들의 두려움과 상처와 기쁨을 알게 되었고, 나의 익숙한 깨달음과 새로운 깨달음들도 그들과 함께 나누었다. 그런 대화 시간에는 곰곰이 생각하고 호기심이 생기고 여린 마음이 된다. 우리는 서로를 발견하는 신비의 여지를—그리고 그 과정을 통해—하나님이 누구시며 그분은 우리가 어떤 사람이 되기를 원하시는지 그리고 그분 안에서 우리가 무엇을 소유하기를 원하시는지를 발견하는 신비의 여지를 남겨두었다. 우리는 함께 경이로워했다.

"정말 드라마틱하네요." 에단이 그 느낌을 그 때와 똑같은 말로 표현하지는 않았지만, 나는 아들의 눈빛에서 그 마음을 감지할 수 있었다. 예수님이 우리의 저녁 식탁에 방문하시어 우리를 그분의 임재에 눈뜨게 해주신 것이다.

질문을 통해서 영적인 것들에 관심을 불러일으킨다는 생각을 하는 사람은 이제 나말고도 많이 있다. 세상에! 이 개념을 활용한 가족용 게임도 여럿 있다. 하지만 더 중요한 점은, 예수님이야말로 이 방법을 중점적으로 활용하셨다는 사실이다. 문화 속에서 단서를 끄집어내 질문을 던짐으로써 청중의 대답을 이끌어내는 방식 말이다. 베드로가 예수님께 정체를 '노출'하실 것을 여쭈었을 때, 예수님의 답변은 "너는 나를 누구라 하느냐?"라는 질문이었다. 휘몰아치는 폭풍우 속에서 떨고 있는 제자들에게는 "왜 두려워하느냐?"고 물으셨다. 오천 명을 먹이는 일을 맡은 제자들에게는 "너희에게 떡이 얼마나 있느냐?"고 물으셨다. 젊은 부자 관원에게는 "네가 왜 나를 선하다 하느냐?"고 물으셨다. 소경 바디매오에게는 "내가 너에게 무엇을 하여 주기를 원하느냐?"고 물으셨다. 질문은 계속해서 이어졌고, 대답은 모호하고 열려 있었으며, 더욱 많은 질문들로 가득 찼다. 예수님의 임재 안에 있는 것 자체가 신비라는 깨달음만이 점점 더 분명해졌다.

전도에서 질문은 매우 중요하다. 질문은 여러 제안과, 숙고해 볼 만한 열린 대안을 제시한다. 질문은 독백을 그치고 대화를 하라는 초대다. 질문은 인격적인 헌신으로 이어질 수도 있는 가치관과 철학의 옷들을 입어 보는 탈의실이다.

물론 질문을 하되 앞뒤 꽉 막힌 답변은 제시하지 말아야 할 것이다. 흑백 논리, 모든 걸 다 알고 있다는 전제나 공식 같은 것 말이다. 다만 경이로움을 느낄 여유를 갖자.

이사야 선지자는 저 유명한 이사야 40장에서 다음과 같은 질문으로 하나님이 지니신 성품의 신비를 깊이 음미한다. 13절 말씀이다. "누가 주님의 영을 헤아릴 수 있겠느냐?" 그가 25-26절을 통해 설명하는 내용도 바로 이 신비와 경이로움에 대한 것이다. "거룩하신 분께서 말씀하신다. '너희가 나를 누구와 견주겠으며, 나를 누구와 같다고 하겠느냐?' 너희는 고개를 들어서, 저 위를 바라보아라. 누가 이 모든 별을 창조하였느냐? 바로 그분께서 천체를 수효를 세어 불러내신다. 그는 능력이 많으시고 힘이 세셔서, 하나하나, 이름을 불러 나오게 하시니, 하나도 빠지는 일이 없다."

나는 경이로움을 느낄 여유를 가질 수 있다. 그게 교회의 예배 시간이든, 어느 여름날 저녁 콜로라도의 산기슭에서 보낸 저녁 식사 시간이든, 또는 커피를 마시며 대화하는 시간이든 간에, 하나님의 신비를 누릴 수 있는 여지를 남겨 두라. 질문에는 경외심이 깃든다. **당신의 존재가 무척 경이롭습니다.**

"누가 주님의 영을 헤아릴 수 있겠느냐?"
••• 이사야 40:13

19

절망적으로 보일 때도
계속 노력할 수 있다

"나의 추구하는 바, 저 별을 따라가리니, 아무리 절망적이라도
아무리 멀어도… 도달할 수 없는 저 별에 도달하기 위하여."

조 대리온

"영 라이프"를 통해 회심을 체험한 후로, 나는 주변 사람들의 마음에도 예수님이 찾아가시어 그들이 그리스도인이 되기를 간절히 바라게 되었다. 그 때 내 리더 중 한 사람이 나에게 '가장 전도하고 싶은 사람들' 목록을 만들어서, 그리스도께 나아오기를 가장 바라는 주변 사람들의 이름을 적어 보라고 했다. 그리고 그들을 위해 기도하고 그들에게 예수님에 관해 말해 보라고 했다.

그래서 나는 손에 잡히는 대로 스프링 노트를 하나 꺼내 사람들의 이름을 적기 시작했다. 목록이 가족을 별로 벗어나지 못했던 것이, 내 생각에 우리 집 울타리 안에서만도 아직 믿지 않는 사람이 수두룩했다.

남동생은 반응이 빨랐다. 그 애는 하나님을 믿는다는 걸 좋게 생각했다. 우리 언니는 나와 비슷한 경로를 걸어 왔으며, 이미 몇 년 전에 "영 라이프"를 통해서, 개척한 지 얼마 안 된 장로교회에서 신앙을 고백했음을 알게 되었다. 당시 아버지는 우리가 살고 있던 휴스턴에서 수천 킬로미터나 떨어진 곳에 살고 계셨고 아버지를 뵌 적이 거의 없었던 터라, 아버지는 내 명단에조차 오르지 않았다(그 때 빼먹은 게 못내 아쉽다).

'가장 전도하고 싶은 사람들' 명단의 맨 꼭대기에는 우리 엄마의 이름이 올라 있었고, 그 이름은 거의 평생토록 그 자리에 있었다. 엄마는 늘 말씀하시기를, 열두 살 때 텍사스의 작은 마을에 있는 자그마한 침례교회에서 강단 앞에 나가 예수님을 영접했노라고 하셨다. 하지만 엄마 인생에서 믿음의 흔적은 전혀 찾아볼 수가 없었다(글쎄, 어쩌면 나랑 언니가 어렸을 때 우리를 교회에 데려다주신 게 **그래서인지도** 모른다. 왜 우리만 내려 주고 가셨을까? 왜 엄마는 교회에 들어오시지 않았던 걸까?).

어쩌면 내가 못 본 건지도….

우리 엄마는 체구는 작지만 명석하고 재능 있는 여성으로서, 20대에 뉴욕 시에서 방송계에 진출하셨다. 1940년대에 텍사스 포트 워스(Fort Worth) 출신이라는 걸 감안하면, 여성으로서는 획기적인 일이었다. 어릴 적에는 소아마비를 앓고도 살아남았다. 이것 역시 놀라운 위업이다. 처녀 시절에는 약혼자가 처참하게 죽는 일을 겪고도, 다시 일어나 또 사랑을 하였다. 스물여섯 살 때 우리 아버지와 결혼한 엄마는 방송 일을 그만두고, 아버지가 차린 방송 사업에 합류하여 전국을 누비며 성공적으로 활동하셨다.

결혼한 지 9년 만에 세 자녀를 낳고, 두 분은 이혼하셨다. 당시 엄마는 알코올 중독자였다. 엄마의 음주 때문에 나의 유년기와 사춘기, 청년기에는 우울한 그림자가 드리워져 있었다. 늦은 밤이면 엄마는 집안에서 이 벽 저 벽에 부딪치다 복도에 나둥그러지곤 했다. 손에는 위스키 잔을 든 채. 그렇게 죽을 때까지 술을 드셨다.

엄마도 처음부터 그런 건 아니었다. 초반에는 좋은 엄마였고, 명절이면 호사스런 선물과 축하 행사를 준비하셨다. 유머도 산뜻하고 재치 있었다. 얇게 썬 파인애플 조각을 이쑤시개에 끼워 '파인 꼬치'라고 이름 붙인 간식을 만들어서 우리와 친구들을 즐겁게 해주셨다. 하지만 다섯 시만 되면, 주말에는 정오부터, 엄마가 위스키 병 뚜껑을 따는 순간부터 엄마의 사랑은 불안한 그 무엇으로 변해 버렸다. 통제 불능, 예측 불허 상태가 되어 버린 것이다. 엄마도 혼란스럽고 우리도 혼란스러워졌다. 가장으로서의 엄마의 자리가 공백 상태가 되자, 어쩔 수 없이 내가 그 빈 자리를 메워야 했다. 남동생을 돌보고, 집안 청소를 하고, 식사 준비를 하고, 주중에는 엄마를 깨워서 출근하시도록 하고.

그래서…엄마가 열두 살 때 일찍이 신앙을 가졌노라고 간증하실 때면, 나는 엄마가 예수님을 사랑한다면 어떻게 엄마의 습관 속에는 예수님의 성품이 그다지도 드러나지 않는지 머리에 쥐가 날 것 같았다.

우리 엄마가 그리스도인이 되지 않기를 바랐다는 말이 결코 아니다. 그럴 리가 있나. 내가 예수님 안에서 찾은 소망을 엄마도 발견할 수만 있다면 난 무엇이든 했을 것이다. 나는 엄마를 위해 꾸준히 기도했다. 그리고 하나님에 대해서도 말씀드려 보았다. 처음에 엄마는 내가 광신도가 된 줄 알고 이렇게 물으셨다. "네가 왜 굳이 기독교인이 되어야 하니? 넌 언제나 하나님을 믿지 않았니?" 그러더니 엄마는 침례교회에서 있었던 그 순간을 기억해 내시고는 그걸 들이밀며 내 인정을 받으려 하셨다. 마치 "이 정도면 되지 않겠니?" 하는 투였다. 하지만 나로서는 그게 아니었다. 내가 보기에는 엄마가 영접 기도를 한 결과로 변화된 것은 아무것도 없었다.

내가 성장해서 집을 떠난 후에도 엄마를 위한 기도는 계속되었다. 때로는 엄마의 인생에 대해 염려하는 마음과, 엄마를 향한 하나님의 사랑에 대해서도 이야기했다. 엄마의 반응은? 묵묵부답. 나에게 우리 엄마는 도달할 수 없는 별, 불가능한 꿈이었다.

'가장 전도하고 싶은 사람들' 목록 중에 대부분 그런 사람들이 몇 명은 있게 마련이다. 변칙적인 사람. 불안한 사람. 소망과 도움이 필요하지만, 자기가 그런 사람인 줄도 모르는 사람. 때로는 어둠에서 빛으로 옮겨진 사람의 이름에 밑줄을 쫙 그으면서, 안심과 흥분에 사로잡혀 기뻐 뛰는 순간도 경험한다. 하지만 대체로 우리의 태신자 목록은 냉장고 문에 매달려 끝이 말리고 누렇게 바랜 채 우리 기도를 비웃고 있다. 인내로 기다려야 할 믿음의 약속에 걸맞게, 우리가 진솔하게 고백하는 소망을 조롱하면서.

그럴 때 우리는 어떻게 해야 하는가? 더듬거리는 말투일지라도, 할 말은 해야겠다. 내가 깨달은 여타의 '난 할 수 있어'에 비하면 이것을 깨닫는 데는 훨씬 오랜 시간이 걸렸지만, 그래도 난 이것을 믿는다. **절망적으로 보일 때도 계속 노력할 수 있다**는 사실을.

내가 30대이고, 우리 엄마가 60대 후반이 되셨을 때, 엄마는 암 진단을 받으셨다. 여느 딸들과 마찬가지로 나는 너무나 놀랐다. 하지만 놀람 이면에서는 공포심이 나를 엄습했다. 시계가 요란하게 째깍째깍 가고 있다. 나는 엄마의 구원 문제에 큰 부담감을 느꼈지만, 내 마음은 더욱 완고해지고 소망도 사랑도 기도도 잃어버렸다. 내 인생에서 엄마가 '사랑해 주지 않은 것' 때문에 너무나 많은 구멍이 뚫려 있었던 것이다. 이만큼 했으면 됐지, 뭘 더 할 수 있단 말인가?

그 때 순식간 해답이 떠올랐다. 도움을 요청할 수는 있지 않은가. 별 하나보다는 별 둘이 더 밝은 법이다. 나는 우리 엄마 나이 또래이자 모든 영적인 차원에서 수없이 멘토 역할을 해주었던 보니에게 도움을 청했다. 내가 엄마를 위해 기도할 수 없었으므로, 보니에게 우리 엄마를 위해 기도해 달라고 부탁했다. 그녀는 기쁘게 수락했지만, 엄마를 위해서 무엇을 기도해 주면 좋겠느냐고 물었다. 나는 제발 엄마가 하나님이 필요하다는 사실을 깨닫고 하늘나라를 갈망하도록 기도해 달라고 부탁했다. 보니는 그렇게 기도했고, 나는 기다렸다.

엄마가 돌아가시던 주간에, 엄마는 내게 전화를 걸어 시 두 편이 기억난다고 말씀하셨다. 둘 다 근본적으로 영적인 시였다. 하나는 온통 천국에 관한 이야기인 러드야드 키플링(Rudyard Kipling)의 "후서"(L'Envoi)였고, 다른 하나는 "모래밭의 발자국"이었다. 엄마는 왠지 나한테 알려 줘야 할 것 같았다고 하셨다.

나는 비행기를 타고 엄마의 병실로 날아갔다. 언니와 남동생도 와서 엄마의 의식이 오락가락하는 동안 교대로 엄마를 보살폈다. 어느 날 오후, 병실의 침대 발치에서 나는 언니가 엄마의 머리맡에 앉아 있는 모습과, 엄마가 언니 쪽을 향하고 있긴 한데 뭔가 다른 걸 보고 있는 듯한 모습을 보았다. 약간 이상하다 싶었지만, 내가 앉아 있는 자리의 각도 때문이거니 했다. 하지만 내가 교대로 엄마 머리맡에 앉게 되었을 때, 나는 엄마가 정말로 보고 있는 건 내가 아니라 내 오른쪽임을 알아챘다. 그래서 나는 엄마가 내 얼굴을 더 잘 보실 수 있도록 오른쪽으로 살짝 움직였다. 어쨌든 엄마가 사랑스런 딸의 얼굴을 지긋이 바라보고 싶으신 거라고 확신했던 것이다.

그러자 엄마는 가냘픈 두 팔을 뻗으시더니 나를 원래 자리로 살짝 밀으시고는, 내 옆의 빈 공간을 향해 손을 내미셨다.

나는 다시 아까대로 움직였다. 엄마가 다시 나를 밀으셨다. 나는 엄마의 눈동자를 들여다보았다. 엄마는 내 옆에 있는 허공을 보고 계셨다. 내가 물었다. "엄마, 거기에 **뭐가** 보이세요?"

"그래, 엘리사. 예수님이 보인다." 엄마가 대답하셨다.

열두 살 때 예수님을 영접하고는 이후 오십 년 동안 마음대로 자기 인생을 살았던 우리 엄마가, 이 땅에서 영원으로 넘어가려는 순간에 예수님을 꽉 붙잡은 것이다.

우리 엄마는 1991년에 그리스도의 품에 안기는 마지막 여정을 완결하셨다. 그 때 내 골수에 박힌 전도의 원리가 하나 있었으니, 내가 기도한 것은 절대로 나를 실망시키지 않는다는 것이었다. 포기하지 말라. 절대로. 도달하지 못할 것 같은 별도 다 하나님의 손 안에 있으니.

베드로후서 3:8-9을 통해 우리는 시간에 대한 하나님의 관점을 알게 된다. "사랑하는 여러분, 이 한 가지만은 잊지 마십시오. 주님께는 하루가 천 년 같고, 천 년이 하루 같습니다. 어떤 이들이 생각하는 것과 같이, 주님께서는 약속을 더디 지키시는 것이 아닙니다. 도리어 여러분을 위하여 오래 참으시는 것입니다. 하나님께서는 아무도 멸망하지 않고, 모두 회개하는 데에 이르기를 바라십니다."

당신의 '가장 전도하고 싶은 사람들' 목록에서 도달하지 못할 것 같은 별은 누구인가? 그 사람한테 도달하기 위해 사람들의 도움을 청하는 단호한 조치를 취하라. 별 두 개가 하나보다 밝다. 그리고 절대로 포기하지 말라. 결단코. **난 절망적으로 보일 때도 계속 노력할 수 있어**. 아무리 절망적이라도, 아무리 저 별이 멀어 보여도, 하나님의 손을 벗어난 별은 없다.

엄마의 유품을 정리하고 추도 예배를 드린 후 콜로라도 집으로 돌아오는 길에 나는 흘러가는 뭉게구름 사이로 푸른 하늘을 차창을 통해 쳐다보았다. 그 때 문득 파문처럼 이는 깨달음이 있었다. "엄마, 이제 저를 **볼 수 있으시죠**? 이제는 저를 **사랑하실** 수도 있겠네요." 나는 빙그레 미소를 지었다. 그 정도면 기다릴 만한 가치가 있지 않은가.

추신: 혹시 나를 질투하거나 마음을 쓰지 않도록 밝혀 둘 게 있다. 나의 '가장 전도하고 싶은 사람들'이 모두 그렇게 확실하게 응답하는 건 아니다. 다음 장을 계속 읽어 보시라…

"도리어 여러분을 위하여 오래 참으시는 것입니다.
하나님께서는 아무도 멸망하지 않고,
모두 회개하는 데에 이르기를 바라십니다."
••• 베드로후서 3:9

20

내가 노력한 결과를 하나님께 맡길 수 있다

"당신이 아는 한 그런 순간을 경험한 적이 없는 사람들, 세상의 불평분자, 얼간이들, 세상이 철저히 불구로 만들어 버린 사람들은 어떻게 되는 건가? 어쩌면 그들이 반드시 경험해야 할 찰나는 바로 당신 자신인지도 모른다."
프레드릭 뷰크너

우리 아버지도 돌아가셨다. 하지만 난 지금 아버지가 어디 계시는지 알지 못한다.

내가 비쩍 마르고 무릎이 더럽던 다섯 살 시절에 우리 부모님은 이혼하셨다. 언니와 나와 남동생은 엄마와 함께 샌프란시스코로 이사했다. 아버지는 마이애미로 이사하고 얼마 후 재혼하셨다. 대략 일 년에 한 번 정도, 언니와 나는 드레스를 입고, 작은 허리에 리본을 묶고, 엄마가 정성껏 마련해 주신 바비 핀을 머리에 꽂은 채 드레스와 색깔을 맞춘 지갑을 들고 아버지를 기다렸다. 그러면 아버지는 근사한 차를 몰고 와 우리를 태우고 저녁 식사를 하러 가셨다.

그 저녁 시간은 늘 긴장되었다. 우리는 어른 사이즈의 의자에 걸터앉아 다리를 대롱거리며, 포크와 나이프를 꽉 쥐고는 열심히 스테이크를 썰었다. 열 한두 살쯤 되었던 나는, 대화용 질문들을 미리 연습하던 기억이 난다. "아빠는 지미 카터에 대해 어떻게 생각하세요?", "여자도 대학 공부를 해야 한다고 생각하세요?" 등등. 우리 아버지는 언제나 친절하고, 언제나 참아 주고, 언제나 그런 질문에 대답해 주셨다. 하지만 여자애들에 대해서는 잘 모르셨고, 해가 갈수록 아버지와 우리 사이에는 거리감이 생겨서 어떤 대화로도 그 간격을 메울 수 없을 것 같았다.

십대 때 하나님과 예수님에 대한 내 견해를 분명히 정리하고 난 얼마 후, 아버지에 대해 엄마와 말다툼을 한 적이 있었다. 나는 아버지와 늘 거리감이 느껴졌던 것이다. 도중에 내가 이렇게 소리쳤다. "난 아예 아버지가 없는 거라구욧!" 그 말에 엄마가 대답하셨다. "무슨 소리니? 넌 아버지가 있어. 아버지가 널 얼마나 사랑하시는데"(우리 부모님도 이혼하는 부부들이 일반적으로 겪는 황폐한 관계 속에서 갈라섰지만, 엄마는 한 번도 아버지에 대해 나쁘게 말한 적이 없으셨다. 그 점은 정말 높이 사고 싶다. 엄마는 우리 앞에서 항상 아버지를 존중하고 높이셨다. 우리 엄마 최고!).

그런 말다툼이 있던 날 밤에 나는 꿈을 꾸었다. 내가 높은 절벽 꼭대기에 서서 까마득한 벼랑 아래를 내려다보다가, 갑자기 절벽 아래로 떨어지는 꿈이었다. 나는 벼랑 아래 있는 날카로운 바위를 향해 떨어지고 있었고, 저 바위에 몸이 부딪쳐 산산조각이 나서 죽을 거라고 생각했다. 하지만 놀랍게도, 날카로운 바위 위에 떨어지는 대신 부드러운 품안에 사뿐이 안겼다. 그 때 온화한 음성이 들려왔다. "나는 너의 하늘 아버지다. 나는 절대로 너를 떠나지도 버리지도 않을 것이다." 잠에서 깬 나는 내 육신의 아버지의 사랑을 다시 한 번 깨닫고, 하늘 아버지의 돌보심도 새로이 확신하게 되었다.

몇 년 후 나는 '가장 전도하고 싶은 사람들' 명단에 아버지 이름을 추가했다. 그 일에는 용기가 필요했다. 내가 종교라는 주제를 꺼낼 때마다 아버지는 화제를 바꾸곤 하셨다. 그리고 우리가 함께할 수 있는 시간을 마련하는 데도 많은 노력이 필요했다. 아버지는 여전히 남동부에 살고 계셨고, 나는 콜로라도로 이사한 때였다. 언젠가 아버지를 방문했을 때, 늦은 밤 따끈한 욕탕에서 대화를 나누다가, 아버지는 당신이 '자수성가한' 사람이며, 하나님이 필요하다는 생각은 전혀 마음에 와 닿지 않는다고 말씀하셨다. 그럴 법도 한 것이, 아버지가 일곱 살 때쯤 할아버지가 집을 나간 뒤로 아버지는 주욱 혼자 힘으로 살아나갔다. 그 말을 듣는 내 마음은 몹시 아렸다.

그 후 10여 년 동안, 아버지와 나는 좋은 관계를 꾸려 갔다. 아버지와 새엄마는 우리가 입양한 아이들을 무척 사랑하셨다. 우리는 때로 초대도 받고 답례로 초대도 했다. 그러다가 아버지가 늙고 쇠약해지시자, 내 마음은 더욱 간절히 아버지한테 끌렸다. 아버지가 두 번의 개복 수술을 하실 때는 새엄마와 함께 간호하면서, 수술 전마다 두 분과 함께 기도도 했다. 한번은 회복실에서 아버지가 정말로 '죽었는데', 의료팀에서 되살려 놓은 적도 있었다. 아버지도 회복실에서 누군가가 '돌아가셨습니다!'라고 말하는 소리를 들었다고 나중에 말씀하셨다.

그 말이 나를 자극했다. 아버지가 집으로 돌아오시자 나는 비행기를 타고 콜로라도로 돌아와, 내가 아버지를 얼마나 사랑하는지 구구절절 편지를 써 보냈다. "아빠, 제가 다음 번에 '돌아가셨습니다!'라는 말을 들을 때는, 아빠가 어디로 가셨는지를 확실히 알기 바라는 마음이예요. 제 인생에서 너무나 많은 시간을 아빠 없이 보냈어요. 다음 세상에서는 아빠와 함께 있고 싶어요." 나는 편지 속에 아버지와 함께 찍은 사진을 넣어 부쳤다.

몇 주 후에, 아버지는 편히 돌아가시려고 병원에서 집으로 오셨다. 나는 다시 아버지 곁으로 날아갔다. 다른 형제들도 왔다. 나는 아버지 귀에 속삭이듯이 기도를 했다. 아버지의 손을 잡으면서. 아버지가 마지막 숨을 거두려 하실 때에는 새엄마와 두 분이 낳은 딸 그리고 내가 아버지 곁에 있었다. 아버지의 호흡이 거칠어졌다. 들락날락, 들락날락…그리고 아버지는 떠나가셨다.

나는 아직도 아버지가 어디로 가셨는지 모른다. 블랙 홀로 가신 걸까? 정의 내릴 수 없는 미지의 장소. 천문학자들은 블랙홀을 정의 내리기를, 일종의 천상의 묘지라고들 한다. 별들의 운명을 쥐고 있는 묘지…빛조차 삼켜 버릴 만큼 강력한 중력의 근원만 남긴 채, 무한히 소멸해 가는.

그 날 밤 늦게까지 남은 가족들과 아버지의 생애를 돌아본 뒤, 나는 혼자 침대에 앉아 있다가 깜짝 놀랐다. 바로 6년 전에 나는 엄마가 **예수님의 손을 잡고** 삶에서 죽음으로 옮겨 가는 것을 지켜보았었다. 엄마는 비록 도달할 수 없는 별처럼 보였지만, 하나님은 엄마를 꼭 붙잡고 꿋꿋하게 본향으로 인도하셨다. 그런데 우리 아버지는 어떻게 된 걸까? 왜 아버지한테는 그렇게 하시지 않았을까? 어쩌면 방식이 다른 건지도 모른다. 좋다. 하지만 왜 하나님은 아버지가 어디로 가셨는지 나한테 확실하게 보여 주시지 않은 걸까?

베드로는 신앙 때문에 박해받던 1세기의 신자들에게 편지를 쓰면서, 고난을 어떻게 대해야 할지에 관해서 예수님의 본보기를 따르라고 격려하였다. 베드로전서 2:23은 이렇게 말하고 있다. "그는 모욕을 당하셨으나 모욕으로 갚지 않으시고, 고난을 당하셨으나 위협하지 않으시고, 정의롭게 심판하시는 이에게 다 맡기셨습니다."

아버지가 떠난 후 몇 개월이 지나도록 내가 여전히 하나님의 방식에 대해 씨름하고 있을 때, 하나님은 이 성경 구절로 나를 위로하셨다. 하나님이 은혜로우시고 거룩한 재판관이심을 정말로 믿는다면,

그 하나님이 우리 아버지를 정의롭게 심판하실 것도 신뢰해야 하지 않겠는가? 쉽지는 않은 일이다. 단 한순간도. 이런저런 의심이 들지 않은 적이 없다. 하지만 그래도 신뢰해야 하지 않겠는가?

이 말은 무슨 의미인가? 히브리서 4:13은 아무것도 하나님의 눈앞에 감추어진 것이 없다고 말한다. 하나님 앞에서는, 언젠가 우리가 심판받게 될 하나님 앞에서는 모든 것이 드러난다. 내가 아버지와 앉아 있던 자리에서는, 아버지의 결단을 **볼** 수 없었다. 하지만 모든 것을 지켜보시는 하나님이 우리 아버지의 마음의 생각과 의도도 모르지 않으실 게 분명하다. 하나님은 우리 아버지의 성품을 따라 하나님 눈에 보이는 대로 다루시리라.

'난 할 수 있어' 중에서도 하나님께 내려 놓아야 할 가장 중요한 항목이 있다. **나는 모든 노력의 결과를 하나님께 맡길 수 있어**라는 태도다.

마태복음 20장에 나오는 비유 중에 하루 종일 일한 사람과 한 시간 동안 일한 사람의 비유를 생각해 본다. 두 사람은 똑같은 임금을 받았다. 이건 정말이지 이해하기 힘든 내용이다. 당신이 어린아이 때부터 하나님을 믿었든, 아니면 마지막 숨을 거두기 전에 하나님과 손을 잡기로 결단했든 간에, 얻는 결과는 둘 다 똑같이 천국이다. 하지만 나는 그 사실을 받아들이기로 했다. 죄는 죄다. 나쁜 거긴 하지만. 누구에게나 공평하게 용서가 필요하다. 오로지 위대하신 재판관, 공정하고 자비로운 그분만이 필요한 때에 그런 용서를 해주실 수 있다.

나는 이런 재판관을 신뢰할 것인가? 그렇다.…나는 하나님이 모든 것을 지켜보시며 정의롭게 재판하신다는 걸 믿는다. 이리하여 나는 우리 아버지를 하나님의 손에 넘겨 드렸다.

우리는 누군가를 '가장 전도하고 싶은 사람들' 명단에 올릴 만큼 사랑할 수 있다. 그들을 사랑할 수도 있고, 우리가 예수님 안에서 얻게 된 소망에 대해 그리고 어떻게 하면 그들도 그 소망을 얻을 수 있는지에 대해 말해 줄 수도 있다. 누군가 "돌아가셨습니다!"라는 말을 들을 때, 그들이 어디로 간 건지 확실히 알기를 바란다는 말도 해줄 수 있다. 우리는 그렇게 할 수 있고, 마땅히 그렇게 해야 한다.

하지만 우리가 전한 진리에 그 사람이 어떻게 반응했는지 알 수 없을 때에도, 우리는 정의로운 재판관이신 하나님을 신뢰할 수 있다. **나는 내가 노력한 결과를 하나님께 맡길 수 있다.**

"정의롭게 심판하시는 이에게 다 맡기셨습니다."
••• 베드로전서 2:23

21
빛의 유산을 남길 수 있다

"우리는 빛 자체를 보지는 못한다.
다만 그 빛이 밝혀 준, 빛보다 느린 사물을 볼 뿐이다."
C. S. 루이스

빛은 단지 오늘에 관한 것만이 아니다. 빛은 내일에 관한 것이기도 하다. 우리가 우주에 떠 있는 별처럼 빛을 비출 때, 우리는 빛의 유산을 남길 수 있다. 우리 뒤에 오는 다른 이들이 집으로 가는 길을 비춰 줄 빛을 말이다.

에베소서 5:8에서 바울은 이렇게 썼다. "여러분이 전에는 어둠이었으나, 지금은 주님 안에서 빛입니다. 빛의 자녀답게 사십시오." 이 말이 당신을 사로잡지 않는가? "여러분이 **전에는** 어둠이었으나, **지금은 빛입니다!**" 우리가 소망을 따라 산 오랜 세월 뒤에, 우리 삶이 우리 이야기를 말하고 우리 소망을 가리켜 보이는 것, 바로 이것이 우리를 향한 바울의 소망이요, 우리 시대를 향한 예수님의 갈망이다.

한 세기 전에 존 토드(John Todd)라는 남자는 죽어 가는 고모에게 다음과 같은 격려의 편지를 써 보냈다. 불안해하는 고모를 달래 주려고, 그는 부모를 여의고 고아가 된 그를 고모가 어떻게 받아주었었는지 그 기억을 떠올린다.

사랑하는 고모님,

고모님이 많이 약해지셨다는 소식에 마음이 아픕니다. 어쩌면 아프시다고 표현해야 할지도 모르겠네요. 게다가 이 세상에서는 더 나아지기 어려울 테니 고모님이 느끼실 두려움을 생각하면….

고모님, 기억하시겠지요. 저희 아버지가 여섯 살 난 저를 남겨 둔 채 돌아가신 지도 어언 35년이 되었답니다. 엄마도, 집도, 저를 보살펴 줄 사람도 없는 처지였지요. 그 때 고모님은 저를 받아주시고 저에게 가정을 주시고 저의 엄마가 되어 주시겠다는 말씀을 전해 주셨어요.…드디어 제가 고모님께로 갈 날이 결정되었지요. 16킬로미터 정도 떨어진 곳으로요. 저에게는 얼마나 긴 여행으로 느껴졌던지요! 고모님이 직접 저를 데리러 오시지 않고, 건장하고 뚱뚱한 나이 많은 흑인 아저씨 시저를 대신 보내셨을 때, 저는 얼마나 실망했는지 몰라요. 그분이 왔을 때 그리고 말 등 위에 담요를 깔고 그분 뒤에 앉아서 가야 한다는 말을 들었을 때 제가 얼마나 실망했었는지 기억이 생생하답니다.…그렇게 우리는 밤이 되기 직전에 출발했지요. 시저는 제 짐 꾸러미를 제 앞에 실었고, (저의 작은 개는) 우리와 나란히 뛰었지요. 하지만 고모님 댁에 도착하려면 아직도 한참 남았는데, 저는 피곤해지기 시작했고, 다리도 아프고, 시저를 붙잡고 가는 일도 지겨워졌습니다. 저녁 때가 지나고 서서히 어둠이 깔리기 시작하자 저는 무서워졌습니다.…시저 아저씨도 너무 까매서 전혀 보이지 않았고, 그분은 말 한 마디 없이 터덜터덜 가기만 했습니다. 제가 무서워하리라고는 생각도 못하셨던 거죠.

"아저씨, 이제 거의 다 왔나요?" 제가 공포에 질려 물었답니다.

"그래. 이 숲만 지나면 고모님 집의 촛불이 보일게다."

"그분들은 잠들지 않았을까요?" 왜냐면 제 생각에는 거의 아침이 다 된 것 같았거든요.

"아니야. 너를 맞을 만반의 준비를 하고 계실 거야."

그러던 마침내, 구불구불 걷다가 이리저리 돌다가 언덕을 올라갔다 내려갔다 한 끝에, 저로서는 몹시도 길었던 여정 끝에, 우리는 숲을 지나왔습니다. 별들이 반짝이고 있었습니다. 그리고 저기 저 불빛이 고모님 댁이라는 말도 들었지요. 드디어 우리가 도착하자 고모님이 나오셨고, 시저 아저씨가 저를 내려 주시자 고모님은 부드럽게 저를 품에 안아 주셨어요. 그리고 저를 "에구 내 새끼"라고 부르시며 따스하게 집안으로 맞아 주셨죠. 집안에는 따스한 불이 활활 타오르고, 환한 등불과 테이블보 그리고 저녁 식사가 저를 기다리고 있었죠!…고모님은 저를 너무나 편하고 따스하게 대해 주셨고, 저를 낯선 방에 데리고 들어가서 제 기도를 들어 주신 후, 제가 바로 곯아떨어질 때까지 제 곁을 지켜 주셨죠!

사랑하는 고모님, 제가 왜 굳이 이 일을 다시 추억하는지 아시겠지요. 고모님의 하늘 아버지가 고모님을 데려오라고 누군가를 보내실 거예요. 어쩌면 어두운 죽음의 사자일지도 모르죠. 그리고 그는 고모님의 안내자가 되어 그 캄캄한 여정에서 고모님을 안전하게 모시고 갈 겁니다. 고모님을 떨어뜨리지도, 놓고 가지도 않을 겁니다. 왜냐하면 그는 신실한 종이니까요. 고모님은 두려워하실 게 없는 것이, 그가 길을 잘 알고 있어서 고모님을 바로 본향으로 데려다 줄 테니까요. 드디어 문이 열리고, 고모님의 가장 소중한 친구 주 예수 그리스도께서 고모님을 맞이해 안으로 데리고 들어가시면, 그분의 임재의 빛과 영광이 온통 가득하겠지요. 고모님은 엄청난 환대를 받으실 거랍니다!

어떤 상황에서도 그 어두운 통로나 시커먼 사자를 겁내지 마세요. 한 어린 소년이 그랬던 것처럼 그것들을 다 받아들이고 나면, 고모님도 본향에 당도하실 겁니다.

고모님께 영원히 감사드리며 조카

존 토드[*] 드림

---

[*] John E. Todd, ed., *John Todd: The Story of His Life* (New York: Harper and Brothers, 1876), pp. 35-37.

본향 가는 길. 이것이야말로 우리가 우리에게 주고 싶은 것이다. 이것이야말로 우리가 사랑하는 사람들에게 주고 싶은 것이다. 하나님은 우리 안에 있는 그분의 빛을 통해서 다른 사람들이 본향으로 가는 길을 밝히신다.

때로 나는 내 미래를 상상해 본다. 언젠가 양로원에서 살게 될 때를 말이다. 힘도 빠지고 능력도 사그러든 채로 살아갈 내 모습을 그려 본다. 하지만 난 나름의 준비가 되어 있다. 상자 하나에 카드와 이메일과 작은 선물들을 담아 보관하고 있기에. 이것들은 나를 격려하는 예수님의 속삭임을 전해 준다. "그래, 내 딸아. 내가 이 사람의 인생에 너를 사용하였다. 너의 반짝임으로 그의 인생길에 내 빛을 비추었단다"라는 음성을. 가능한 한 자주 그 상자를 열어 보면서 내 남은 길을 걸어갈 것이다. 그 안에 담긴 소망의 메시지에 내 맘은 한껏 부풀어 오르리라.

나는 빛의 유산을 남길 수 있다. 우리는 '난 못해'를 넘어서서 '난 할 수 있어'를 붙잡을 수 있다.

반짝반짝 작은 별, 너의 믿음을 전하렴.…한 번에 한 번씩 반짝거리면서.

"여러분이 전에는 어둠이었으나,
지금은 주님 안에서 빛입니다."
••• 에베소서 5:8

생각해 볼 질문들

이 작은 나의 빛

1. 당신은 왜 이 책을 집어들었는가? 다시 말해서, 전도와 관련해서 당신에게 가장 절실히 필요한 것은 무엇이라고 생각하는가?

2. 전도와 관련해서 우리를 방해하는 일곱 가지의 '난 못해' 항목들을 살펴보았다. 그 항목들을 당신이 가장 공감하는 것부터 순서대로 번호를 매겨 보라.

3. 눈곱만큼 작은 빛일지라도, 빛은 어둠의 본질을 변화시킨다는 말에 대해 당신은 어떻게 생각하는가? 이 말이 전도와 관련해 어떤 의미가 있다고 생각하는가? 하나님이 전혀 불가능한 걸 당신에게 하라고 요구하시지는 않는다는 사실에 당신은 동의하는가?

1. 내 빛은 너무 작다

1. 본문에서 제시한 여러 유형의 불빛 중에서 당신은 어느 것에 해당한다고 생각하는가? 그 등불의 특성 중에서 당신이 받아들이기 어려운 점은 무엇인가? 당신의 등불의 장점과 약점을 잘 수용하려면 어떻게 해야겠는가?
2. 당신의 등불을 잘 살펴보라. 그 불빛은 어디에 쓰면 좋겠는가? 어떻게 하면 그렇게 활용할 수 있겠는가?
3. 누구나 인생에서 어두운 '밤 시간'을 견뎌야 할 때가 있다. 당신이 견뎌야 했던 어두운 시절은 언제 어떤 상황에서였는지 말해 보라. 그 상황에서 당신은 어떻게 빛을 찾았는가?

2. 실패할지도 모른다

1. 하나님은 빛에 책임을 지시고, 우리는 촛불에 책임을 진다는 개념은, 지금까지 전도에 대해 가지고 있던 당신의 생각과는 어떻게 다른가?
2. 아직 불을 붙이지 않은 촛불은 이미 불이 붙은 초에 심지를 기울여야 불을 붙일 수 있다. 타고 있는 초가 아직 불이 없는 초를 따라가다가는 촛농이 떨어지고, 서두르다가는 불이 꺼질 수도 있다. 혹시 당신이 촛불을 들고 따라다니고 있는 사람은 없는가?
3. 당신이 당신의 촛불에 책임이 있다면, 그 초가 계속 불타게 하기 위

해서는 어떻게 해야 하겠는가?

3. 남의 인생에 끼어들고 싶지 않다

1. 사람은 때로 큰 골칫거리가 될 수도 있다. 이 사실을 솔직하게 인정하자. 하지만 때로 우리가 단정지은 사람들과의 문제는 우리가 만들어 낸 문제일 수도 있다. 사실은 당신의 믿음을 필요로 하는 사람인데, 당신 스스로 그 사람이 별로 관심이 없을 거라고 생각해서 뒤로 물러난 대상은 없었는가?

2. 내가 예로 든 카터 씨네 가족처럼, 당신도 상대방을 외모로 평가해서 예수님께 별로 관심이 없을 거라고 단정지은 사람이 있지는 않은가?

3. 이번 장에서 인용한 "내가 누구이기에 감히 하나님을 거역할 수 있겠습니까?"(행 11:17)라는 성경 구절을 잠시 묵상해 보자. 베드로는 하나님이 이방인들과도 관계 맺고 싶어하신다는 것을 알고 무척 놀랐다. 당신도 베드로처럼, 그리스도를 믿고 싶어하는 사람에 대해서 오히려 그 반대로 생각하고 있지는 않은가? 그런 태도를 바꾸어 그 사람을 도우려면 어떻게 해야 하겠는가?

4. 남의 기분을 상하게 하고 싶지 않다

1. 당신이 신자라는 사실을 감추고 싶을 때는 언제인가?

2. 당신은 어떤 사람들 앞에서 신앙을 감추게 되는가? 왜 그런가?
3. 그 상황에서 빛을 꺼 버리기보다는 빛을 비추는 데로 나아가는 첫 번째 단계는 무엇이라고 생각하는가?

5. 극적인 간증거리가 없다

1. 당신은 자신이 예수님을 믿게 된 간증을 즐겨 하는가 아니면 별로 하고 싶지 않은가? 왜 그렇다고 생각하는가? 너무 무미건조해서? 아니면 너무 극적이어서? 어떻게 해야 할지 방법을 몰라서? 당신이 주저하는 이유를 살펴보라.
2. 본문에서 제시한 여러 가지 방법 중에 당신에게 가장 적합하다고 생각되는 방법을 선택해서 당신의 간증을 써 보라.
3. 당신이 쓴 글을 읽으면서, 그 중에서 당신이 별 생각없이 사용하고 있는 기독교적인 어투들이 있는지 검토해 보라(예를 들면 '은혜받았다', '큐티 시간', '하나님과 동행' 등의 표현들).

6. 아직도 모르는 게 많다

1. 당신이 알고 있다고 믿는 것들은 무엇인가?
2. 그걸 어떻게 알 수 있는가?
3. 당신이 믿는 사실들을 뒷받침할 수 있는 자료로는 성경 외에 어떤 것들이 있는가?

7. 나와 다른 사람을 사귈 줄 모른다

1. 당신은 신앙에 관한 대화를 하다가 기독교인들을 비판하는 말을 들은 적이 있는가? 기독교인들은 오만하다, 말만 많다, 판단을 잘 한다, 편협하다는 등의 비판 말이다. 그럴 때 당신은 어떻게 대처했는가? 이번 장을 읽고 나서 당신의 대처 방법에 변화가 생긴 부분이 있는가?
2. 당신이 윗세대(부모님 세대)에게 복음을 전한다고 상상해 보라. 이번 장에 근거해서 당신이 취할 수 있는 방식은 무엇인가? 당신과 같은 세대나 아랫세대의 사람들에게 복음을 전할 때는 방식을 어떻게 바꾸어야 하겠는가?
3. 문화에 적절하게 복음을 전하기 위해서, 빛 자체는 바꾸지 않으면서 빛을 담은 용기를 바꾸는 것이 어떻게 가능하겠는가?

어둠에서 빛으로

1. 당신이 회심하게 된 과정을 적어 보라. 당신을 어둠에서 빛으로 인도하기 위해 하나님은 누구를 어떻게 사용하셨는가?
2. 당신의 회심을 하나님 편에서의 과정으로 재조명해 보라. 새롭게 깨달은 사실들이 있다면 무엇인가?

8. 사람들을 있는 모습 그대로 받아들일 수 있다

1. 당신의 경우 사람들이 '하면 안 되는 것들'로 생각하는 것은 무엇인지 적고, 그것을 한번 읽어 보라. 예수님도 그런 항목들을 적으실 거라고 생각하는가?
2. 당신이 '안 되는 것들'로 생각하는 경향이 있는 대상은 주로 어떤 유형이나 부류의 사람들인가? 어린이? 십대? 가족? 혹은 하위 문화에 속한 사람들?
3. 때로 우리가 '안 되는 것들'을 나열하는 이유는 두려움 때문인 경우가 있다. 당신의 마음을 살펴보라. 당신도 두려움 때문에 '이런 건 해선 안 돼'라고 생각하지는 않는가? 당신이 두려워하는 것은 무엇인가?

9. 친구가 되어 줄 수 있다

1. 소속감은 **항상** 믿음보다 선행하는가? 이 일반적인 원칙에 예외가 있다면 어떤 경우이겠는가?
2. 당신이 예수님을 믿게 되기까지의 여정을 생각해 보라. 당신은 어떤 방식으로 믿기 전에 먼저 소속되어 있었는가?
3. 당신의 하루 일과 속에서 당신에게 소속되도록 하나님이 인도하시는 사람은 누구인가? 당신은 혹시 그 사람과의 친밀감을 피하기 위해 장벽을 쌓고 있지는 않은가? 친밀감보다 독립심이 성숙의 요건

이라는 세상의 거짓말을 듣고 있지는 않은가? 어떻게 하면 당신의 생각을 바꿀 수 있겠는가?

10. 진심을 보여 줄 수 있다

1. 하나님은 당신에게 기꺼이 상처받을 각오를 하고 다가오셨다고 생각하는가? 그분의 모범을 통해 무엇을 배울 수 있는가?
2. 상처받을 각오를 하는 것과 당신의 결점을 늘어놓는 것과는 어떤 차이점이 있다고 생각하는가?
3. 당신이 믿음의 과정을 본으로 보여 주어야 할 대상은 누구인가?

11. 자녀에게도 예수님을 전할 수 있다

1. 당신은 아이들도 하나님을 믿을 수 있다고 생각하는가? 아이들의 신앙은 어른의 신앙과 비교할 때 어떤 점이 다른가?
2. 당신에게 어린 자녀가 있다면, 그 자녀가 발하는 '미세한 반짝임'을 어떻게 가족의 믿음 생활에 통합할 수 있겠는가?
3. 다 자란 자녀가 있다면, 그 자녀의 믿음의 여정을 위해서 당신이 '잠시 물러서야 할' 부분은 무엇이라고 생각하는가?

12. 사소한 일상 속에서도 소망을 불어넣을 수 있다

1. 일상 속에서 당신이 누군가에게 '유성'이 될 기회가 있었던 적이

있는가? 그 순간 당신은 처음에 어떻게 반응했는가?
2. 일상 속에서 그런 순간에 직면할 때, 당신이 쌓는 장애물은 무엇인가? 왜 그런 장애물을 쌓는가? 물론 때론 장애물이 필요할 수도 있다. 그런 때에, 필요한 장애물은 포기하지 않으면서도 당신의 마음을 열 수 있는 방법에는 어떤 것들이 있겠는가?
3. 당신은 누군가를 직접 예수님께 인도한 적이 있는가? 당신에게 '일을 마무리할' 기회가 왔을 때, 당신은 어떻게 반응하는가?

13. 다른 사람과 협력할 수 있다

1. 우리는 사람들에게 믿음을 전할 때, 협력하는 걸 별로 달가워하지 않는 경우가 많다. 자기 방식대로 자기 시간대에 자기 보조에 맞추는 게 더 편하기 때문이다. 당신도 그런 거부감이 있지는 않은가? 이렇게 '외로운 별'과 같은 태도를 취할 때 놓치기 쉬운 것은 무엇인가?
2. 당신이 알고 있는 사람 중에 예수님이 필요한 사람을 생각해 보라. 그 사람이 예수님의 임재를 경험하기 어려운 이유는 무엇이라고 생각하는가?(과거에 기독교나 교회 또는 믿는 사람에 대해 좋지 않은 경험이 있었던 경우, 또는 집안에 문제가 있는 경우 등) 이들이 그런 장애물을 극복하도록 도우려면 어떻게 해야 하겠는가? 그 과정에서 당신을 도와줄 친구가 있는가?
3. 누군가 그리스도를 믿도록 도와줄 경우 때로는 우리가 '책임지는'

상황에서 한 발 물러나 다른 사람이 그를 돕게 해야 할 경우도 있다. 이제 당신은 한 발 물러서고, 당신을 도와줄 누군가가 필요한 상황에 있지는 않은가?

14. 위기에 처한 사람들에게 도움을 줄 수 있다

1. 당신이 위기에 처했던 순간을 생각해 보라. 그 때 당신에게 소망의 빛을 주었던 사람은 누구인가? 또 도움이 되었던 것은 무엇인가?
2. 당신은 빛을 긴급하게 필요로 하는 캄캄한 위기 상황에 처한 사람을 만난 적이 있는가? 그 상황에서 당신은 어떤 도움을 주었는가? 그 도움을 통해 이후 좋은 결과로 이어진 적이 있었는가?
3. **위기**라는 말에는 예기치 못한 상황이라는 의미가 함축되어 있다. 다음 번에 긴급하게 빛을 필요로 하는 상황에 직면할 때 작은 반짝임이라도 베풀려면, 평소에 어떤 준비가 되어 있어야 한다고 생각하는가?

15. 섬길 수 있다

1. 누구나 쉽게 섬김을 베풀 때가 있다. 사실 우리는 다른 사람을 섬기면서 우리 자신을 잊어버린다. 당신이 쉽게 섬김을 베풀었던 때는 언제인가? 그런 섬김이 주변 사람들에게 어떤 변화를 가져다주었는가?

2. 섬겨야 할 때라는 생각은 강하게 드는데, 섬기고 싶지 않을 때도 있다. 너무 골치 아픈 상황이어서 마음이 편치 않다. 온갖 핑계거리가 떠오르면서 개입하지 말라는 경고등이 켜진다. 당신도 그런 순간이 있었는가? 그 때 어떻게 반응했는가?

3. 이번 장에서는 다른 사람의 섬김을 **받는** 것도, 그 사람에게 헌신할 수 있는 기회를 **주는** 것이라는 개념을 살펴보았다. 상대방이 주는 자로서의 기쁨을 누릴 수 있도록, 당신이 기꺼이 섬김을 받아야 할 대상이 있다면 누구인가?

16. 의심하는 사람들을 이해할 수 있다

1. 당신은 믿음과 관련해서 의심되는 부분이 있지는 않은가? 확실히 모르겠다고? 교회에서 마냥 설교만 듣지 말고 성경 본문을 자세히 읽어 보라. 목사님이 본문을 정확히 제대로 해석하고 있다고 생각하는가?

2. 일기를 써 보라. 삶에 대해서, 하나님의 역사하심에 대해서 그리고 특별히 질병이나 고난과 같은 어려운 주제들에 관해서 당신이 깊이 생각하고 깨달은 것들을 적어 보라.

3. 다음 번에 누군가가 믿음에 대해서 '의심을 할 때는', 당신의 반응에 예의주시하라. 그렇게 의심하는 사람에게 당신은 주로 어떻게 반응하는가? 왜 그렇게 반응하는가?

17. 명절 때 내 신앙에 대해 이야기할 수 있다

1. 당신은 명절 모임 때 '모든 사람의 눈이' 당신을 향하는 경험을 한 적이 있는가? 그 때 어떻게 반응했는가? 그 때를 돌이켜볼 때, 지금이라면 다르게 행동했으리라고 생각되는 부분은 무엇인가?
2. 절기 중에 한 가지를 생각해 보라. 아마 크리스마스가 좋을 것이다. 그 절기의 분위기에 맞춰서 당신의 신앙 간증을 정리해 보라.
3. 달력을 보고 앞으로 남아 있는 절기들을 확인해 보라. 그 중 하나를 택해, 그 때 들려줄 당신의 신앙 간증을 준비해 보라.

18. 경이로움을 느낄 여유를 가질 수 있다

1. 당신이 소위 하나님의 '신비'라 할 만한 순간을 경험한 적이 있다면 말해 보라. 그 때 당신은 어디에 있었는가? 무슨 일이 일어났는가? 그 경험은 당신의 신앙에 어떤 영향을 미쳤는가?
2. 우리는 하나님에 관해서 그리고 그의 아들 예수 그리스도를 믿는 믿음에 관해서 모든 것을 전부 알 수도 없고 앞으로도 전부 알 수는 없을 것이다. 이 말에 대해 당신은 어떻게 생각하는가? 모종의 긴장감이 느껴지는가? 그런 긴장감은 왜 생긴다고 생각하는가?
3. 하나님의 경이로우심에 다가가기 위해 질문을 활용하는 과정에서, 좋은 질문에는 어떤 특징이 있겠는가? 또 별로 바람직하지 않은 질문들에는 어떤 특징이 있다고 생각하는가?

19. 절망적으로 보일 때도 계속 노력할 수 있다

1. 당신은 '가장 전도하고 싶은 사람들' 목록이 있는가? 아직 없다면 지금이라도 그 목록을 만들고 싶지 않은가? 그 목록에 포함시키고 싶은 사람은 누구인가?

2. 당신의 삶 속에서 '도달할 수 없는 별'에 해당하는 사람은 누구인가? 그 사람에게 빛을 비추기 위해서 당신과 함께 그 길을 걸어 줄 사람은 누구인가?

3. 때로 하나님은 다른 사람을 위해 드리는 우리 기도에 너무 천천히 응답하시는 것처럼 느껴질 때가 있다. 이럴 때 하나님의 주권과 우리의 자유 의지를 정확히 이해하는 것은 우리의 인내심을 키우는 데 어떤 도움이 되는가? 죽음의 목전에서 예수님을 영접한 사람이나 어린 시절부터 예수님을 믿은 사람이나 똑같이 영원히 하나님 나라에 있게 된다는 사실에 대해 당신은 어떻게 생각하는가? 마태복음 20:1-16을 볼 때, 성경은 이런 현실에 대해 뭐라고 말하는가?

20. 내가 노력한 결과를 하나님께 맡길 수 있다

1. 당신이 사랑하는 사람이나 친구 중에 세상을 떠났으나 그들이 '어디에 있는지' 알지 못하는 사람이 있는가? 이 점에 대해 당신은 어떤 느낌이 드는가? 당신에게 위로가 되는 것은 무엇인가?

2. 누군가와의 관계 속에서 당신이 이 책에서 다룬 '등불 스타일'의

전도를 했더라면 뭔가 달라졌으리라고 생각되는 점은 무엇인가?
3. 지금 현재 '블랙홀'을 향해 가고 있는 사람을 당신은 알고 있는가? 그 사람에 대해 당신이 취해야 할 방법 중에 하나님이 인도하신다고 생각되는 방법은 무엇인가?

21. 빛의 유산을 남길 수 있다

1. 우리가 죽음에 어느 정도 가까이 와 있는지 아는 사람은 아무도 없다. 당신이 남기고 싶은 유산과 관련해 본문에 나오는 존 토드의 이야기는 당신에게 어떤 감동을 주는가?
2. 당신이 믿음을 전하는 데 '난 못해'라는 태도를 넘어서서 '난 할 수 있어'라는 태도를 견지하려면, 어떻게 해야 한다고 생각하는가?
3. 이 책을 읽으면서 당신에게 가장 큰 도움이 된 것은 무엇인가?

엄마 별들, 작은 빛이 멀리 간다

> 영혼에 빛이 있는 사람은 내면에 아름다움이 있고,
> 내면에 아름다움이 있으면 그 가정에는 조화가 있다.
> 가정에 조화가 있으면, 그 나라에 질서가 있고,
> 나라에 질서가 있으면, 세상에는 평화가 오리라.
> 중국 속담 중에서

크리스티나는 무릎을 세워 몸에 물이 튀는 걸 막고 있었다. 그 날 아침 동네 수영장은 온통 북적거렸고, 그녀가 있던 물놀이용 얕은 수영장은 걸음마쟁이들로 넘쳐났다. 아기 엄마들이 그들을 열심히 지켜보고 있었다. 아파트에서 나온 건 잘한 일이었다. 일과 학업을 병행하고 있는 남편 대릴과 함께 사는 방 두 칸짜리 아파트는 숨이 막힐 지경이었다.

10개월 된 베다니는 계단 맨 꼭대기 자기 엄마 옆에 앉아서, 컵에 물을 담았다 쏟았다 하며 놀고 있었다. 쏟는 물보다 입으로 들어가는 물이 더 많았지만. 크리스티나는 아기를 다시 제대로 앉혀 주고는 한

숨을 내쉬었다. 자신이 엄마 역할을 좋아하는지조차 확신이 없었다. 뉴욕에서 살 때는 직장 생활과 다양하게 활동할 기회가 넘쳐났는데, 여기 덴버에는 아는 사람이 전혀 없었다. 심지어 남편이 집에 있을 때도 그는 왠지 다른 데 정신을 쏟고 있는 것처럼 느껴졌다. 그들은 둘 다 깨어진 가정에서 자란 사람들이었다. 깨어진 결혼, 학대, 비참한 가정 생활 속에서 자랐던 것이다.

스테이시는 뒤뚱거리는 세 딸을 쳐다보다가, 크리스티나와 베다니에게 눈길이 멈추었다. 아기를 무척 좋아하는 스테이시의 큰 딸이 베다니의 컵을 들고 베다니와 놀아 주기 시작했다. 스테이시는 크리스티나의 얼굴에서 풍기는 지루함을 잘 알고 있었고, 그 지루함 저변에 무엇이 있을까 짐작해 보았다. 좌절감, 외로움, '나한테 무슨 일이 일어난 거지?'라는 막연한 심정 등.

스테이시는 좀더 가까이 다가가 말문을 트면서 취학전아동 어머니 협회에 관해 이야기했다. 유치원생 아이 엄마들이 함께 모여 서로를 격려하고 엄마 역할에 관해 배우는 모임이었다. 그 날 수영장에서 자리를 뜨기 전에, 스테이시는 자세한 사항이 적힌 카드를 크리스티나의 수건 옆에 두고 갔다. 모임에서 크리스티나를 보게 될지 어떨지 알 수 없는 일이었다. 크리스티나는 베다니를 일으켜 악어 모양의 수건 가운을 입히면서, 다행히 그 카드를 기저귀 가방에 쑥 집어넣고 집으로 돌아갔다.

집에서 대릴은 기저귀 가방을 열고 젖은 물건들을 꺼내다가 그 카드를 보았다. "이게 뭐야?" 그가 크리스티나에게 물었다. 그녀가 스테이시와 그 모임에 관해 말하자, 크리스티나가 무어라 거부할 새도 없이 그는 학교 가는 길에 크리스티나를 데려다 주겠노라고 선언했다. 며칠 후, 크리스티나는 남편에게 억지로 떠밀리다시피 자동차에서 내렸다(재미있는 사실은, 쑥스러움과 무력감이 몸에 배면 우리는 모든 걸 귀찮아하게 된다는 것이다). 대릴은 베다니를 카시트에서 내리고, 기저귀 가방을 들고, 크리스티나를 자동차에서 거의 끌어내다시피 했다. 그의 단호한 손이 그녀의 등을 건물 입구까지 떠밀었다. 그녀는 그렇게 억지로 건물 안으로 들어오게 되었다.

크리스티나는 저쪽 현관에 여성들이 모여 있는 걸 쳐다보며 눈으로 스테이시를 찾았다. 스테이시는 두 눈이 휘둥그레져서 얼른 달려와 아이들 프로그램이 진행되고 있는 유아실을 알려 주었다. 그러고는 좀더 큰 방으로 크리스티나를 데려갔다. 거기에는 사십여 명의 엄마들이 커피와 컵케이크가 마련되어 있는 둥근 탁자에 군데군데 둘러앉아 있었다. 몇 분 후, 크리스티나는 한 무리의 엄마들과 함께 앉아 질문에 대답하고, 그 엄마들 역시 기저귀 가방을 둘러메고 징징거리는 아이를 질질 끌면서 얼마나 헐레벌떡 모임에 왔는지를 들으며 스스럼없이 웃고 있는 자신을 발견하였다.

결국 크리스티나와 대릴은 취학전아동 어머니협회 모임이 열리는 그 교회에 출석하게 되었다. 예수님도 만났고…그들 영혼의 뻥 뚫린 구멍들, 상처입은 자리들도 치유되기 시작했다. 그리고 몇 년 뒤, 그들은 결혼 10주년을 맞이하여 결혼 서약을 새롭게 하기로 결심하였다. 다시금 하나님 앞에서 결혼을 하고 싶었던 것이다. 두 명의 자녀가 더 늘어난 지금, 그들은 그 작은 아파트에 예수님을 모시고 살고 있다.

이 모든 일이 누군가의 인생의 어두운 시절에 빛을 비춰 줄 준비가 되어 있던 한 사람의 소박한 초대에서 시작되었다. 한 엄마별이 다른 엄마에게 자신의 빛을 비춰 준 것이다.

우리 모두는 인생의 다양한 시절을 겪으며 산다. 그리고 어떤 시절은 다른 시절보다 더 어두워서, 그만큼 빛을 더 갈망하게 된다. 엄마로 가는 여정도 그러한 시절이다.

당신이 엄마라면, 내 말이 무슨 의미인지 알 것이다. 당신이 어떤 엄마를 알고 있다면, 당신도 아마 알 것이다. 당신이 두 경우 다 아니라면…글쎄, 이렇게 생각해 보라. 한때 당신의 인생은 거의 당신 자신에 관한 것이요, 당신 손에 달려 있었다. 그런데 언젠가부터(출산이나 입양 후), 당신 인생은 당신의 것이 아니다. 3.5킬로그램짜리 아기가 당신의 잠, 당신의 몸 그리고 당신의 두뇌를 지배한다. 더 이상 당신 자신의 인생이 없고, 앞으로도 당분간은 없을 것이다.

한편 정체성의 위기가 엄습한다. 과거에 당신은 여성이었다. 그런데 이젠 엄마다. 엄마가 된다는 것은 멋진 일이지만 여성이라는 것과는 매우 다르다. 어쩌면 당신은 여성에서 아내로 넘어간 시기가 순탄했을지도 모른다. 혹은 이 단계를 건너뛰었는지도 모르겠다. 하지만 우리가 누구인지를 규정하는 시점에 이르면, 여성에서 엄마로 넘어간다는 것은 단순히 호칭이 바뀌는 것 그 이상이다.

또한 외로움, 혼란스러움, 엄마 역할을 어떻게 해야 할지 모르겠다는 자신감의 부족이 엄습한다. 물론, 이 시기는 암이나 테러나 죽음처럼 그렇게 완전히 깜깜한 시절은 아니다. 아기가 처음으로 걸음마를 했다든지, 끈끈한 포옹을 한 날에는 당신의 하루가 환히 빛나기도 한다. 하지만 전반적으로는 상당히 어두컴컴하고, 그 어둠 속에서 당신은 길을 잃었거나 아니면 어떻게 살아야 할지 막막해하는 자신을 발견하게 된다. 바로 이런 시절에, 빛의 근원을 갈망하는 애끓는 절실함이 솟아난다. 확실하고 순수하고 깨끗한, '이렇게 저렇게 하면 되는 거야'라고 밝혀 주는 빛 말이다.

이러한 일이 일어나는 현상을 보노라면 재미있다. 대부분의 엄마들은 어둠을 점점 더 강하게 인식하게 되고, 자기 자녀들에게 매우 중요한 생명의 원천인 이 빛을 주고 싶다는 갈망 가운데 그 필요를 인식하게 된다. 엄마들은 최대한 좋은 엄마가 되고 싶어한다. 한밤중에, 기저귀를 갈다가, 배고픈 아기에게 우유를 먹이면서도, 어떻게 하면 이 작은 생명이 최대한 잠재력을 발휘하면서 자랄 수 있도록 양육하고 훈련하며 사랑하고 도와줄 수 있을까 고민한다. 그러다가 너무나 자주 자신의 부족함을 깨닫는 순간에 엄마들은 의지할 존재가 바로 '엄마 자신'밖에 없다는 사실을 깨닫는다. 대부분의 엄마들은 자신에게 '나'가 충분하다고 느끼지 못하기 때문에, 이건 상당히 두려운 사실이다. 그리고 이런 두려운 깨달음의 순간에 뭔가가 더 필요해서 끌리는 마음, '나' 외부에 있는 그 무엇, 좀더 영구적이고 좀더 소망이 있고 좀더 밝은 그 무엇에 끌리게 되는 것이다.

이사야 40:11에서, 하나님은 자신이 엄마들과 연결되어 있는 모습을 보여 주신다. 특히 여성이 엄마가 되어 '나만으로는 충분치 않다'는 깨달음의 순간에 들어설 때, 하나님은 우리와 동행해 주신다. "그는 목자와 같이 그의 양떼를 먹이시며, 어린 양들을 팔로 모으시고, 품에 안으시며, 젖을 먹이는 어미 양들을 조심스럽게 이끄신다."

물론, 이 구절은 양 치는 일을 비유한 것이고, 우리는 지금 어둠 속의 빛을 다루고 있지만, 핵심은 놓치지 말자. 하나님은 엄마들을 사랑하신다. 하나님은 엄마들을 **품으신다**. 그리고 그분은 우리와 함께 걷고 싶어하신다. 21세기 식으로 표현하자면, 적어도 '혼자서 엄마 역할을 하지 말라'는 말이다.

그러므로 당신이 엄마라면, 당신은 엄마별이 **될 수 있으며**, 때때로 캄캄한 엄마의 시절 속에 빛을 발할 수 있다. 한 여성이 자신이기를 그치고 뭔가 다른 것이 되기 시작하는 시절에 말이다.

어떻게?

오늘날 엄마 역할을 하고 있는 사람이 누군지를 먼저 알아보라. 특히 새롭게 이 역할을 감당하게 된 사람들을 찾아보라. 그러기 위해서 당신이 꼭 엄마여야만 하는 건 아니다. 예수님을 필요로 하는 엄마들은 당신 주변에 상당히 많을 것이다! 그저 동네 길거리나 아파트 단지만 한번 훑어보아도 알 수 있다. 교회의 복도를 한번 주욱 훑어보라. 슈퍼마켓에서 당신이 서 있는 계산대 바로 옆줄에 있는 사람들을 살펴보라. 또는 공원에서 놀고 있는 아이들의 부모를 살펴보라. 그 중에서 한두 엄마를 고르라.

그런 다음에, '난 못해' 목록 중에서 당신이 신앙을 나누지 못하게 막는 건 무엇인지 확인해 보라. 자신에게 솔직하라. 맘 편히 먹고 스스로를 돌아보라. 다시 집으로 돌아와서, 정말로 당신을 주저하게 만드는 항목에 관해 다시 읽으라.

그런 다음, 당신이 알고 있는 엄마에게 적용해 볼 수 있는 **난 할 수 있어** 항목들을 적어 보라. 물론 **나는 친구가 되어 줄 수 있어**와 **나는 진심을 보일 수 있어** 그리고 **나는 위기에 처한 사람에게 도움을 줄 수 있어** 정도는 할 수 있을 것이다. 어쩌면 **난 할 수 있어**에 해당하는 항목들을 모두 훑어보고 나면, 그 중에 대부분은 엄마별이 되는 데 적용할 수 있을 것이다. **난 할 수 있어**라는 항목들을 꽉 붙잡고 열심히 빛을 발하라.

취학전아동 어머니협회도 도와줄 수 있다. 취학전아동 어머니협회의 총체적인 핵심은 관계 전도다. 취학전아동 어머니협회는 1973년에 예수님의 사랑으로 이웃을 사랑하고 싶은 열정으로 몇 명의 엄마들이 만든 모임으로서, 안전하고 수용적인 분위기 속에서 엄마 역할과 신앙 생활을 배우는 데 중점을 두고 있다. 인생 가운데 하나님이 주시는 소망에 마음을 활짝 열게 되는 시기가 몇 번은 **반드시** 있게 마련이다. 어린아이 때, 인생이 형성되는 십대에, 위기에 처했을 때나 죽음의 목전에서 그리고 부모가 될 때가 바로 그런 시기다. 이 부모 시절에 취학전아동 어머니협회는 엄마 역할 및 신앙 생활과 관련해서 절실히 필요한 접근 방법으로 다가간다. 지난 몇십 년 동안 취학전아동 어머니협회는 엄마들 개개인과 그들의 가정을 예수님께 한 발짝 더 가까이 인도하는 일을 목적으로 사역해 왔다.

당신 주변에는 예수님의 빛을 필요로 하는 크리스티나와 대릴과 베다니 같은 사람들이 있다. 그들은 인생의 방향이 그려지고, 가치관과 목표가 결정되며, 삶의 방식이 형성되는 시절을 맞고 있다. 엄마별이 되라. 그들 주변에 예수님의 빛을 비추라. 그러면 그들은 자신이 찾고 있던 소망의 원천을 보고, 자신이 가야 할 길을 올바르게 선택할지 누가 알겠는가.

"그는 목자와 같이 그의 양떼를 먹이시며, 어린 양들을 팔로 모으시고, 품에 안으시며, 젖을 먹이는 어미 양들을 조심스럽게 이끄신다."
••• 이사야 40:11

참고 도서

구원이란 무엇인가?(김세윤, 두란노)

기독교의 기본 진리(존 스토트, 생명의말씀사)

나는 왜 그리스도인이 되었는가?(존 스토트, IVP)

나는 준비된 복음전도자?(브라이언 맥라렌, 미션월드)

내가 찾은 하나님은(도널드 밀러, 복있는사람)

누가 돌을 옮겼는가?(프랭크 모리슨, 생명의말씀사)

다원주의 사회에서의 복음(레슬리 뉴비긴, IVP)

막 쪄낸 찐빵(이만재, 두란노)

매력적인 그리스도인(크리스틴 우드, IVP)

변론자 그리스도(존 스토트, 성서유니온)

복음과 지성(송인규, IVP)

부활의 증거(노르만 앤더슨, IVP 소책자)

불신자를 외면하는 복음전도(폴 리틀, IVP 소책자)

빛으로 소금으로(레베카 피펏, IVP)

세계를 품은 그리스도인(송인규, IVP)

순전한 기독교(C. S. 루이스, 홍성사)

신세대를 위한 선교길라잡이(스티븐 고크로저, IVP)

이래서 믿는다(폴 리틀, 생명의말씀사)

이렇게 전도하라(리로이 아임스, 네비게이토)

이렇게 전한다(폴 리틀, 생명의말씀사)

재즈처럼 하나님은(도널드 밀러, 복있는사람)

신세대를 위한 전도 길라잡이(맨 스타일즈, IVP)

존 스토트의 복음전도(존 스토트, IVP)

주님의 전도 계획(로버트 콜만, 생명의말씀사)

차마 신이 없다고 말하기 전에(박영덕, IVP)

참 사랑은 그 어디에(토요토미, IVP)

행복으로 초대하는 오픈홈(카렌 메인스, IVP)

행복은 당신에게도(송인규, IVP)

홍등가의 그리스도(마크 밴 하우튼, IVP)

옮긴이 소개

김성녀는 연세대 영어영문학과를 졸업하고, IVP에서 수년 간 일한 바 있으며, 미국 미주리 주립대학에서 광고언론학(석사)을 공부했다. 옮긴 책으로 「긍휼」, 「나를 찾아가는 이야기」, 「너무 바빠서 기도합니다」, 「미디어 시대, 당신의 자녀는 안전한가?」, 「빛으로 소금으로」, 「아름다운 자신감」, 「존 스토트의 복음전도」, 「하나님의 마음에 합한 사람」(이상 IVP) 등이 있으며, 다수의 성경 공부 교재를 편역하였다.

작은 빛이 멀리 간다

초판 발행 2007. 4. 10 | 초판 2쇄 2007. 7. 25
지은이 엘리사 모건 | 옮긴이 김성녀
펴낸이 신현기 | 책임편집 이혜영
발행처 한국기독학생회출판부 | 판권 ⓒ 한국기독학생회출판부 2007
등록 제 9-93 호(1978. 6. 1) | 100-603 · 서울 중앙우체국 사서함 327
대표 전화 02-337-2257 | 팩스 02-337-2258 | IVP Books 02-3141-5321
영업 전화 02-338-2282 | 팩스 080-915-1515
홈페이지 http://www.ivp.co.kr | E-mail ivp@ivp.co.kr
ISBN 978-89-328-3533-4